Hans Lanz

Ungehaltene Predigten

AF208499

Hans Lanz

Ungehaltene Predigten

28 Predigten durch das Kirchenjahr

© 2013 Hans Lanz

Herstellung und Verlag:
BoD - Books on Demand , Norderstedt
ISBN 9783848230099

Inhalt

Ungehaltene Predigten?

Das gleich vorweg: Die im vorliegenden Bändchen enthaltenen Predigten wurden alle gehalten Das Adjektiv *ungehalten* bezieht sich also nicht auf den Akt des Predigens, sondern auf den Inhalt dieser Kanzelreden. Damit ist bereits etwas gesagt über eine gewisse Ungeduld des Predigers. Bereitwillig gibt er zu, dass ihm erhoffte und erwartete Veränderungen innerhalb der Christenheit zu langsam vor sich gehen. Er will damit nicht sagen, dass zweitausend Jahre ungenutzt verstrichen seien. Aber er ist der Überzeugung, dass die Christenheit in diesen zwei Jahrtausenden einige wesentliche Chancen verpasste.

Wie überzeugend wäre eine Kirche, in der Menschen verbindlicher nach Gottes Ideen fragten und begeisterter seine Träume mitträumten! Wie glaubwürdig wäre eine Kirche, in der sich Menschen am Lebensentwurf des Christus orientierten! Weil der Prediger den Eindruck hat, dass wir noch nicht so weit seien, wirken die vorliegenden Predigten manchmal etwas ungehalten. Die möglicherweise da und dort wahrnehmbare Ungeduld wird ferner durch die Überzeugung angetrieben, dass es mit der Freiheit des Denkens und damit mit der Freiheit der denkenden Menschen in der Kirche etwas rapider vor sich gehen könnte.

Soviel zu den Inhalten der Predigten.

Dazu auch noch ein Gedanke zu ihrer Form. Der Prediger ist sich im Klaren darüber, dass sowohl seine Predigten wie auch seine Person – zumindest im freikirchlichen Kontext – etwas aus der Mode gekommen sind. Die Reduktion der Predigt auf einen Werbespot für Vater, Sohn und heiligen Geist wollte ihm nicht gelingen; auch trat er lieber in der Rolle des

Liturgen und des Predigers als in jener des Moderators auf. Alles in allem: seine Gottesdienste gestalteten sich traditionell, und er gibt am Ende seiner kirchlichen Laufbahn zu, dass er der Orgel den Vorzug vor der Gitarre und dem Schlagzeug gab. Für Gitarre und Schlagzeug konnte und kann er sich auch begeistern, sucht für dieses Erlebnis aber lieber einen Jazzclub auf.

Die erste der vorliegenden Predigten ist die letzte Predigt, welche der Prediger vor seiner Pensionierung am 18. Juli 2010 im Diakoniewerk Bethanien in Zürich hielt; die Einleitung zu dieser Predigt kann als Fortsetzung dieses Vorwortes gelesen werden. Dann geht es durchs Kirchenjahr. Eingeschoben ist eine Rede zum Tod der gehörlosen Tante Frieda. Und den Abschluss bildet eine Predigt, welche gehalten wurde, als eine Gemeinde sich nach einem langen und von großer Reife zeugendem Prozess dazu entschloss, die Pforten ihrer Kirche zu schließen und die vorhandenen Energien und Ressourcen anderweitig zu nutzen. Sie bewies damit, dass Kirche als Institution und der Traum von Gottes neuer Welt nicht unbedingt identisch sein müssen. Daran glaubt auch der Prediger. Und deshalb sind seine Predigten – oft mit einem Seitenblick auf die Darstellungsform und die Selbstdarstellungsversuche der Kirche im 20. und 21. Jahrhundert – eben ab und zu etwas ungehalten.

Diese zum Teil etwas ungehaltenen Predigten wurden also nicht nur gehaltenen, sie wurden jetzt auch als Lesepredigten aufbereitet, dies vor allem für Menschen, die an ein Leben *vor* dem Tod glauben und bereits im diesseitigen Dasein jene Spielmöglichkeiten zu variieren versuchen, die den Prinzipien von Gottes Ideen einer neuen Welt Raum lassen.

Der Predigtband und der Autor wünschen sich eine nachdenkliche Leserschaft oder zumindest Leserinnen und Leser, die bei der Lektüre nachdenklich werden. Übereinstimmende Meinungen zwischen denen, die lesen und dem, der schrieb, können weder erhofft werden noch sind solche ausdrücklich erwünscht. Ergeben sie sich aber trotzdem, könnte man wohl mit Fug und Recht davon reden, dass es nebst ungehaltenen Predigten und ungehaltenen Predigern weitere Christinnen und Christen gibt, die ihr eigenes Leben und jenes der sie umgebenden Welt mitgestalten möchten unter der Prämisse, dass Gottes neue Welt in unserer Nähe ist.

Zürich, 2013   Hans Lanz

Und einen Dank noch, zunächst an meine Frau und die mittlerweile erwachsenen Kinder, die während den Zeiten, in denen ich predigte – und vielmehr noch, in den Zeiten, während ich Predigten vorbereitete – wenig, zu wenig oder nichts von mir hatten.

Dann auch einen großen Dank an Christoph Schluep, der nicht ruhte, bis dieser Predigtband erschien und mir bei dessen Erstellung mit Rat und Tat beistand.

Abschiedspredigt am 18. Juli 2010

Einleitung   Meine Arbeit im Diakoniewerk Bethanien begann 1993 in der Aidsklinik *Ankerhuus*. Zuvor war ich drei Jahre in der Basler Gassenküche tätig gewesen – mit Wirtepatent nota bene, welches mich beinahe mit ähnlichem Stolz erfüllte wie seinerzeit die Ordinationspapiere. Ich ging damals schwer an Krücken; das unterstützte die Pflege der Beziehungen zu den Bewohnerinnen und Bewohnern des Hospizes sehr. So sagte einmal einer, der mir gegenüber saß: „Du kannst nicht davonlaufen! Das tut uns gut." Das war eine Erfahrung fürs Leben: Menschen brauchen Menschen, die nicht davonlaufen.

Daneben arbeitete ich zu 50 Prozent in einer Kirchgemeinde. Für mich war das ein Muster für eine gangbare Form kirchlicher Mitarbeit: Pfarrer, die neben dem kirchlichen Betrieb noch einem anderen Broterwerb nachgehen. Ich bin überzeugt von diesem Modell. Das wäre für die Kirche gut. Bonhoeffers 1944 niedergeschriebener Buchentwurf wurde für mich diesbezüglich zum Programm. Sein Resümee lautet: *Kirche ist nur Kirche, wenn sie für andere da ist.* Ich sah mich gerechtfertigt darin, dass mir die Beziehung zum Menschen wichtiger und das Interesse an seinem Ergehen größer war als die Liebe zu jedweder Institution.

Von dieser Warte aus beobachtete ich, wie die Entwicklung der Kirche – namentlich auch jener, der ich zugehöre – in den vergangenen Jahren verlief. Insgesamt nahm ich die Institution Kirche als eine Organisation wahr, die kaum in der Lage zu einer weiterführenden Selbstbeurteilung ist. Daraus resultierte eine kritische Beziehung von mir zu ihr – et vice versa! Die einen oder anderen mögen diesbezüglich etwas festgestellt haben. Unterstützt wurde diese Weise der Wahrnehmung und der Beurteilung unter anderem auch durch eine mehrjährige Weiterbildung zum psychologischen Berater am Szondi-Institut; den dort gemachten Erfahrungen verdanke ich viel für meine persönliche Entwicklung und für meine Arbeit mit Menschen, die mir ihr Vertrauen schenkten.

Heute resümiere ich so: Die Kirche und ich haben uns nicht in der gleichen Richtung entwickelt – und dies auch noch in unterschiedlichem Tempo. Nicht zuletzt vor diesem Hintergrund sollte meine Arbeit im Diakoniewerk und in den von ihm geführten Betrieben verstanden werden.

Gepredigt habe ich immer gern. Motiviert hat mich dabei vor allem die Art, wie ich die Aussagen der Bibel verstehe: Der Mensch hat die Möglichkeit, sich mit seinen je und je persönlichen Anliegen und Problemen, aber auch mit seiner Lust und seiner Freude am Leben, in den biblischen Texten wiederzufinden. Er kann sich beim Lesen und Hören biblischer Texte Gedanken darüber machen, wie er sein Leben innerhalb der ihm gesetzten Grenzen gestalten soll.

Alles in allem: Es ging mir um die Freiheit oder die Befreiung des Menschen. Freiheit definiere ich heute – nicht zuletzt auch aufgrund der Erfahrungen und Erlebnisse mit Menschen in Grenzsituationen – so:

Die Freiheit des Menschen besteht darin, dass er den ihm zur Verfügung stehenden Handlungsspielraum nutzt.

Bisweilen muss man den Menschen helfen, ihre Grenzen zu akzeptieren, damit sie überhaupt in der Lage sind, ihr Spielfeld zu definieren. Bisweilen aber muss man den Menschen zu mehr Raum verhelfen, damit sie freier werden; dazu kann nötig sein, dass man sie beim Abbruch einengenden Gemäuers unterstützt.

Ich wurde hie und da gefragt, welche Rolle die Bibel bei meiner Arbeit spiele. Ich will die Antwort – soweit diese nicht bereits schon erahnt werden konnte – kurz und bündig geben: Ich lese dieses Buch nicht primär als Offenbarung Gottes. Ich lese es als Offenbarung des Menschen im Licht von etwas Größerem. Lesen und Hören biblischer Texte lässt uns die Bedeutung des eigenen Lebens relativieren. Und so möchte ich auch die nun folgende Predigt verstehen, die meine Abschiedspredigt ist.

Predigt   Der Text aus dem Alten Testament, über den ich hier predigen will, ist für mich in den letzten 20 Jahren zu einem Pièce de résistance geworden; er legte auf seine Art auch einen Teil der Basis für meine beratende Tätigkeit. Der Text ist sehr alt: Er stammt aus dem 8. Jahrhundert vor unserer Zeitrechnung und ist zu finden im Büchlein des Propheten Micha, Kapitel 2, Verse 12 und 13. Ich erlaube mir, diese Zeilen befreit von zeitgebundenen Zusätzen, die für den heutigen Tag nicht relevant sind und weggelassen werden können, zu lesen. Das geschieht, ohne den Absichten des Textes Gewalt anzutun:

Sammeln, zusammenbringen will ich, was sich verlaufen hat. Ich will sie vereinigen wie Schafe in einen Pferch, wie eine Herde auf der Trift. Vor ihnen her rückt der Durchbrecher an; sie sollen durchbrechen und durchschreiten das Tor und hinausziehen.

Im Text kommt Gott zu Wort. Er äußert seine Absichten mit den Menschen. Die zwei Verse sind wie zwei Bilderbuchseiten. Auf der einen Seite sieht man einen guten Hirten, der seine in der Weite des Weidelandes verstreuten Tiere in den Stall zurückholt. Auf der gegenüberliegenden Seite ist auf dem Bild zu sehen, wie ein Befreier den Ring der Belagerer durchbricht und die in den schützenden Mauern zwar gesi-

15

cherten, aber eben doch Eingeschlossenen, in die Freiheit führt.

Das mag uns zunächst vorkommen wie eine gelungene Darstellung von Gottes guten Absichten. Aber ich entdecke hier vor allem auch ein Bild, welches für das menschliche Leben steht. Schopenhauer sagte einmal sinngemäß, der Mensch pendle dauernd zwischen zwei Extremen, der Langeweile auf der einen und der Verzweiflung auf der anderen Seite. Ich schließe mich dieser Betrachtungsweise an, wenn ich sage: Der Mensch bewegt sich unentwegt zwischen zwei Polen: Der Beheimatung auf der einen und der Freiheit auf der anderen Seite. Der Text aus dem Buch des Propheten Micha sagt uns, dass Gott sich um den Menschen mühe, ihn in die Beheimatung bringe, ihn aber auch aus der Enge der alles beschützenden Umgebung hinaus in die Freiheit führe. Wir kennen die Wahrheit: In der Freiheit steht der Mensch in Gefahr sich zu verlieren, und im totalen Schutz einer Beheimatung droht er zu ersticken.

Totale Beheimatung wird zur lebensbedrohenden Einengung! Totale Freiheit führt in die lebensgefährliche Verlorenheit!

Wichtig bleibt für mich die Einsicht, dass hier zwar einer von Gott redet oder sogar Gott selber redet. Aber tatsächlich wird ebenso vom Menschenschicksal geredet, vom unausweichlichen Geworfensein in diesen Raum zwischen Beheimatung und Freiheit.

Wir sind ein Leben lang unterwegs zwischen Beheimatung und Freiheit, um unseren Platz zu suchen. Und wenn wir ihn gefunden zu haben scheinen, merken wir, dass wir nicht bleiben können. Das Leben ist ein Hin und ein Her zwischen Beheimatung und Freiheit im besseren Fall; im schlechteren Fall ist es ein Unterwegssein zwischen Einengung und Verlorensein. Und wenn wir Pech haben, passiert uns das, was die amerikanische Autorin Carson McCullers so beschreibt:

Am meisten Heimweh haben wir nach den Orten, an denen wir nie gewesen sind…

Wir haben Sehnsucht!

Auch davon redet die Bibel, von Menschensehnsüchten nach einem Leben unter anderen Vorzeichen. Ist man in der Geborgenheit der Beheimatung, sehnt man sich nach der Weite der Freiheit. Liegt vor einem das unendlich weite Feld der Freiheit, möchte man heim. Ab und zu hörte ich auch in der Klinik und in den Pflegeinstitutionen Menschen den Wunsch äußern: „Ich möchte am liebsten sterben." Meine Gegenfrage war dann meist diese: „Möchten Sie wirklich sterben – oder wollen Sie einfach nicht mehr so leben?"

Da die Bibel ein Buch ist, in welchem in einer jeweils eigenen Sprache eine Vielzahl von menschlichen Lebenserfahrungen erfasst und gedanklich verarbeitet werden, ist sie auch ein Buch der Sehnsucht. Wir werden konfrontiert mit jener Erfahrung, die alle Menschen machen: Der Wunsch nach einem Leben unter anderen Vorzeichen, zu anderen Bedingungen, bricht immer wieder ins Menschenbewusstsein ein.

Diese zwei Wahrnehmungen prägten mein Nachdenken über das Menschenleben und damit auch meinen Umgang mit den Menschen. Und sie dürften auch wahrnehmbar gewesen sein in meinen Predigten: Einerseits der Mensch in seinem suchenden Unterwegssein zwischen Beheimatung und Freiheit und andererseits, daraus resultierend, seine Sehnsucht.

Noch ein Wort zu meinen Mankos. Ich will noch davon reden, was ich *nicht* war und was mir *nicht* gelang:

Ich entsprach nicht dem Bild eines Missionars. Ich respektierte alle, die meinen Gedanken ihre Gedanken entgegensetzten. Und der Zugang zu jenem vor allem im 19. Jahrhundert formulierten Auftrag, Menschen zu Jesus führen zu müssen, wollte mir nicht so recht gelingen. Mir reichte es eigentlich, wenn ich einen Menschen zu sich selbst führen konnte; und beim Ausführen dieses Auftrages fürchtete ich nie, die Sache der Kirche und schon gar nicht die Sache Gottes zu verraten. Als Missionar könnte man mich also eher nicht bezeichnen. Aber ich hatte nichts dagegen, als Mann der Kirche, als Pfarrer mithin, erkannt zu werden. Lieber war es mir allerdings, wenn ich als Mensch wahrgenommen wurde.

Was mir nicht gelang: Ich kam zu keinem Ziel. Immer, wenn ich irgendwo ankam, sah ich wieder eine oder mehrere Spuren, welche weiterführten. Jede dieser Spuren führte mich immer wieder zu den Menschen. Und weil ich dem Satz Jesu Glauben schenke, dass das Reich Gottes in die Menschennähe gekommen sei, suchte ich die Zeichen von Gottes neuer Welt auch nie anderswo als bei den Menschen.

Nun bin ich dabei, meine theologische Bibliothek zu räumen. Wenige Bücher einiger Autoren und einer Autorin, welche mich mit ihren Gedanken und Visionen prägten, bleiben im Regal – unter anderem Rudolf Bultmann, Dorothee Sölle, Ernst Käsemann, Harvey Cox und der seinerseits wieder von Ernst Bloch beeinflusste Jürgen Moltmann. Und Ernst Bloch war es, dem es gelang, in profaner Sprache zum Ausdruck zu bringen, wovon Jesus redete als dem *Reich Gottes, das in unsere Nähe gekommen sei*; Bloch prägte den Begriff *Konkrete Utopie*. Alle die eben Genannten luden dazu ein, an einer Neuausrichtung der Gesellschaft und der Kirche und an einem neuen Nachdenken über die Sache mit Gott mitzuarbeiten. Dieser Spur bin ich gefolgt. Aber diese Spur führte — und dies namentlich in den letzten Jahren — eher von der Kirche in ihrer heutigen Darstellungsform weg als tiefer in sie hinein.

Ich war sehr froh und sehr dankbar, meine Arbeit im Diakoniewerk tun zu können und hier viel Verständnis und Unterstützung zu finden.

Damit schließe ich. Aber noch einmal will ich den Propheten Micha zu Wort kommen lassen. Er hatte eine Vision, die ich gerne mitträume. Und zu diesem Traum lade ich alle ein. Es ist ein Traum, der sich an den Träumen Gottes für eine Neugestaltung der Welt orientiert und von dem ich eigentlich immer glaubte, es müsse auch der Traum der Kirche sein:

Dann werden sie ihre Schwerter zu Pflugscharen schmieden und ihre Speere zu Winzermessern. Sie werden das Schwert nicht erheben, keine Nation gegen eine andere, und das Kriegshandwerk werden sie nicht mehr lernen. Und ein jeder wird unter seinem Weinstock sitzen und unter seinem Feigenbaum, und da wird keiner sein, der sie aufschreckt. Micha 4, 3f

Liebe Leute: Da kommt Sehnsucht zum Ausdruck! Aber statt zu warten, bis es soweit ist, würde Ernst Bloch zur konkreten Utopie raten, und ich schlage vor, doch ganz unverschämt vorwegzunehmen, worauf wir hoffen und damit anzufangen:

Schwerter zu Pflugscharen, Speere zu Winzermessern, das Kriegshandwerk nicht mehr lernen und — zumindest, was mich betrifft — unter dem Weinstock sitzen.

Zum zweiten Advent

Übt euch also in Geduld, liebe Brüder und Schwestern, bis zum Kommen des Herrn! So wie der Bauer: Er wartet auf die kostbare Frucht der Erde und harrt geduldig auf sie, bis er sie empfängt als Frühernte und als Spöternte. So auch ihr: Übt euch in Geduld, stärkt eure Herzen, denn das Kommen des Herrn steht bevor.   *Jakobus 5, 7-8*

Die Kirche muss sich auseinandersetzen mit der Tatsache, dass sie nach und nach in die Bedeutungslosigkeit fällt. Sie hat auffallend Mühe damit, ihren Glauben gegenüber ihrer Weltzeit verständlich zu machen, ohne dass sie dabei in die Gefahr gerät, tragende Wahrheiten zu verraten. Uneinigkeit herrscht: Während die einen sich in religiöse Reservate zurückziehen, verlangen die anderen, dass der Glaube sich zu äußern habe in einer praktischen, der Welt verständlichen Darstellungsform. Einig werden sich die Exponenten der einen oder anderen theologischen Richtung nicht. Nur in einem stimmen sie überein: Das Kommen des Herrn steht bevor.

Ich rede von der Umgebung, von der Spannung, in welcher der Jakobusbrief entstanden ist.

Ein Plädoyer für die Geduld

Wir schreiben ungefähr das Jahr 100. Um diese Zeit wird der Jakobusbrief verfasst. Er kommt aus dem Lager derjenigen, die eine praktische, für die übrige Welt sichtbare Darstellungsform des Glaubens verlangen. Ein Glaube, der sich in einer für die Welt nicht fassbaren Art und Weise manifestiere, sei überholt. Das Urteil Luthers ist vielleicht bekannt: Der Jakobusbrief sei im Vergleich zum Römerbrief eine strohene Epistel, dies deshalb, weil eine der bekannteren Aussagen dieser Schrift ist, dass der Glaube ohne Werke tot sei und schließlich auch Vater Abra-

ham aufgrund seiner Werke von Gott gerecht ge-
sprochen worden sei. Luther und ihm bis in unsere
Zeit folgende Theologen machen Jakobus den Vorwurf, er habe keine eigentliche Theologie; was er
biete, sei bestenfalls unter dem Thema *Ethik* zu sub-
sumieren. Er huldige einer Werkgerechtigkeit.

Nun gibt aber unser Predigttext für eine Diskussion
pro oder kontra Werke überhaupt nichts her. Gäbe
Jakobus Anweisungen für christliches Verhalten,
müssten wir aus dem vorliegenden Text ein Plädoyer
für die Geduld herauslesen: der Christ habe geduldig
zu sein und zu warten; der kommende Herr werde
dann schon alles erledigen. Diesem Prinzip sind viele
Christen – ob sie nun den Jakobusbrief schätzten
oder nicht – über die Jahrhunderte hinweg gefolgt. In
der Hoffnung, „es" werde schon alles in Ordnung
kommen, haben sie allerlei unzuverlässigen Machern
die Gestaltung von Welt und Zeit überlassen. Was am
Anfang als Bereitschaft zum Dulden, also als eine
christliche Tugend erscheint, begünstigt schließlich
eine von ungerechten Machtstrukturen bestimmte
Welt. Was sich am Anfang hinter christlicher Geduld
verbirgt, wächst sich aus zur globalen Katastrophe,
welche ein kaum vorstellbares Ausmaß haben wird.
Was am Anfang als christliche Zurückhaltung oder
gar als Demut erscheint, schafft mancherorts ein
günstiges Klima für Meinungsterror und den Verlust
von Werten.

Bald werden wir's wieder singen: „Welt ging verloren..."; und so etwas wie eine tröstliche Antwort auf
diese bestürzende Feststellung lässt sich leicht im
nächsten Atemzug singen: „...Christ ist geboren...".
Die Welt ist bei Gott aber nicht zum Verlorengehen
bestimmt; und wir werden Gott und die Welt verspie-
len, wenn wir weiterhin das stillschweigende Dem-

Ende-entgegen-Harren als eine der besonderen christlichen Qualitäten preisen.

Manchmal will's mir scheinen, als hätte ausgerechnet die christliche Geduld und das Vermögen, Krisen still auszusitzen, die Aussagen des Neuen Testamentes ins Gegenteil verkehrt. In seinem Jugendroman „Das fliegende Klassenzimmer", lässt Erich Kästner einen Lehrer sagen:

An allem Unfug, der geschieht, sind nicht nur die schuld, die ihn begehen, sondern auch diejenigen, die ihn nicht verhindern.

Und was unsere Generation betrifft: Unter den Themen *Wachstum und Fortschritt* haben die Menschen in den vergangenen 100 Jahren – zum Teil mit oder gerade wegen der Duldung durch die Christen – es geschafft, dass das Weltenende nicht nur als ein von einer Gottheit eingeleitetes Ereignis *denkbar* blieb; das Weltenende ist *vorstellbar* geworden als eine Ereignis, das allem Anschein nach in die Hände der Menschen gegeben ist. Es hat bereits Namen erhalten, Namen wie Auschwitz, Hiroshima, Tschernobyl. Und die neu dazugekommene Terrorangst will uns glauben machen, dass das Ende nicht mehr in der Hand Gottes sondern in Menschenhand liege. Während früher mit der Predigt erreicht werden wollte, dass der Mensch sich in nachsichtiger Geduld üben solle, ist Inhalt unserer gepredigten und gebeteten Hoffnung heute, dass Gott die Geduld nicht verliere.

Ein Plädoyer gegen die Geduld

Die Zeilen im Jakobusbrief erinnern uns vielleicht an die Stelle in 1. Mose 8, 22; dort ist verheißen:

Solange die Erde steht soll nicht aufhören Saat und Ernte, Frost und Hitze, Sommer und Winter, Tag und Nacht.

Solange die Erde steht...! Was aber, so fragen wir angesichts unserer Weltlage, was aber wird sein, wenn die Erde *nicht* mehr steht? Wird alles aufhören? Hat die Zukunft ein Ende?

So sehr scheint die Zukunft der Erde in die Menschenhand gefallen zu sein, dass selbst biblische Verheißungen an den Resultaten menschlichen Umgangs mit der Schöpfung relativiert werden.

Das Ende der Geduld muss absehbar sein

Von menschgemachten Katastrophen haben wir Ahnungen; davon war jetzt ausgiebig die Rede. Aber was wissen wir vom kommenden Herrn?

Von ihm haben wir nichts als eine Verheißung. Angesichts dieses Ungleichgewichts der Informationen ist ein Advent, der nur still und selig Weihnachten entgegenharrt, beinahe schon Blasphemie.

Adventliche Stimmung muss heute von Ungeduld geprägt sein. Advent heißt: Weltveränderung nach dem Willen Gottes. Das zu tun, ist die Aufgabe der Gemeinde; sie hat danach zu fragen und zu definieren, was Wille Gottes in einer Zeit ist, die nicht mehr nach Gottes Willen fragt. Sie hat Zeichen zu setzen, welche sich niemals in ein paar Tannenzweigen, ein bisschen Kerzenschein und einem barocken Adventskonzert erschöpfen dürfen. Die Adventszeit und was die Menschen in dieser Zeit tun, ist zu einer Karikatur der Konsumgesellschaft geworden.

Für Jakobus und die Gemeinde, welche auf die unmittelbare Wiederkunft ihres Herrn hoffte, war – so scheint es – geduldiges Ausharren wichtig.

Aber was soll uns, die wir in einer anderen Zeit und vor allem vor dem Hintergrund eines anderen Weltbildes leben, wichtig sein?

Worauf sollen wir warten?

Worauf warten wir eigentlich?

Die Folge des Glaubens an die Wiederkunft Christi kann nicht sein, dass wir uns dort beruhigen, wo die Herausforderungen der Weltzeit uns in Aufregung und Aufruhr versetzten. Christlicher Glaube täuscht nicht über die Wirklichkeit hinweg. Wir können nicht in einer Welt, welche verloren zu gehen scheint, einer religiösen Erlösung von der Welt entgegenharren. Wir werden nicht nach der Befindlichkeit unserer Seelen befragt; wir werden gefragt, ob wir Vertrauen genug besitzen, um etwas zu riskieren für die Bewahrung der von Gott geliebten Welt. Solches Vertrauen manifestiert sich in einem Leben, in einem Umgang mit der Mitwelt, welches sich an der Lebensart Jesu orientiert. Ihm genügte es nicht, bloß wartend zu überleben; er redete dem Leben in der Fülle das Wort. Ein im Zeichen der Wiederkunft Jesu stehender Mensch wird demgemäß allem, was das Leben sichert, was es reicher und erfüllter macht, Raum verschaffen wollen. Bis es zur Erfüllung kommt, sind uns die Zeichen Jesu Orientierung dafür, wie es sein wird und wofür wir unseren Glauben einsetzen wollen.

Seine Zeichen? Ich denke da beispielsweise daran, dass er den Hunger seiner 5000 Zuhörer ebenso ernst nahm wie das Predigen. Ich denke an die Entwaffnung des mit dem Schwert um sich schlagenden Petrus, und ich denke auch daran, wie er den über der vergeblichen Arbeit enttäuschten Fischern zu einem Glücks- und Erfolgserlebnis verhalf.

Worauf wir warten, war die Frage. Auf den, der schon gekommen ist! Was wird werden? Das, was mit ihm schon begann! Langsam nimmt das Bild, wie die Wartezeit zu füllen wäre, Farbe an. Hier wird uns der Blick dafür geschärft, wie wir hinter allem Aufgesetzten, hinter allem Advents- und Vorweihnachtskitsch entdecken können, was erfüllte Zeit sein könnte.

Eine spannende Zeit

Wir kehren die Verhältnisse nicht einfach um. Wir schaffen die neue Welt Gottes nicht, und wären wir noch so einsatzfreudig. Aber die Auflehnung bleibt uns! Die Welt und diejenigen, welche sie zu beherrschen scheinen, sollen zumindest erfahren und spüren, dass sie an uns keine stillen Teilhaber haben. Die Auflehnung bleibt uns, weil unsere Hoffnung Bilder in sich trägt von einem, der in ebenso hoffnungsloser Zeit Hungernde speiste, die Gewalt des Schwertes durch die des Wortes ersetzte, weltliche und geistliche Instanzen in Frage stellte dort, wo sie dem Leben entgegenwirkten, Stummen zur Sprache und Blinden zur Einsicht verhalf.

Wir leben in einer wahrhaft spannenden Zeit. Wie weit wir etwas bewirken oder gar verändern, wissen wir nicht. Aber wir wissen, dass sich schon der Einsatz, die Orientierung an dem, was wir erhoffen, lohnt. Und es würde mich wundern, wenn nicht da und dort über dem Aufstand der Christen gegen alles Ungerechte und alles Lebensbedrohende Erstaunen aufbräche und die Welt sich überrascht fragte:

Kommt ihr Herr – oder ist er möglicherweise schon angekommen?

Zum vierten Advent

Freut euch im Herrn allezeit! Nochmals will ich es sagen: Freut euch! Lasst alle Menschen eure Freundlichkeit spüren. Der Herr ist nahe. Sorgt euch um nichts, sondern lasst in allen Lagen eure Bitten durch Gebet und Fürbitte mit Danksagung vor Gott laut werden. Und der Friede Gottes, der alles Verstehen übersteigt, wird eure Herzen und Gedanken bewahren in Christus Jesus. Philipper 4, 4-7

Ein Münchner im Himmel

Der 1867 geborene bayrische Dichter Ludwig Thoma schrieb eine kleine Geschichte, in der die Hauptfigur, Alois Hingerl, Dienstmann im Münchner Hauptbahnhof, nach seinem plötzlichen Ableben im Himmel ankommt und dort eine Harfe fasst. Der damit verbundene Auftrag heißt: *Frohlocken und Halleluja-Singen.* Der frischgebackene Engel Aloisius ist von dieser Aufgabe überhaupt nicht begeistert, und sein mürrisch herausgepresstes *Luja sog i!* ist sprichwörtlich geworden.

Freut euch! Mit diesem Imperativ beginnt der Predigttext. Aufrufe zu mehr Heiterkeit und guter Laune haben es schwer: So einfach ist das nicht, aus Sorgenkindern Kinder der Freude zu machen! Freude kann man eben nicht befehlen. Alois Hingerl bestätigt dies. Das Gegenteil gelingt entschieden besser: Nämlich die Menschen auf ihre Sorgen hin zu verpflichten! Die Erfahrungen, die wir mit anderen Menschen und mit uns selbst gemacht haben, sind: Sorgen liegen uns näher als die Freude. Schon mancher lustvolle Aufbruch wurde verhindert mit einem brüsken, von Sorge und ängstlichem Vermeidenwollen aller eventuellen Risiken bestimmten *Stopp!*

Paulus, aus dessen Brief an die Gemeinde in Philippi dieser Abschnitt stammt, hat das Gegenteil im Sinn: Er möchte Bewegung forcieren. Das gilt eigentlich für jede Ermahnung – und um eine Ermahnung handelt es sich hier –, die Paulus anbringt. Was nicht zu ändern ist oder was bleiben soll, wie es ist, braucht keine Ermahnung. Ermahnung will immer Veränderung, Bewegung, Aufbruch. *Freut euch,* heißt also soviel wie: Tretet aus dem Vergangenen heraus. Und was ist das Vergangene? Die Aufforderung zur Freude lässt es erahnen: Das Vergangene, das ist, sich zu sorgen.

Das ist nun auch der adventliche Ansatz dieses Predigttextes: Das Heraustreten aus dem Üblichen, das Heraustreten aus dem Naheliegenden, das Loslassen dessen, was geworden ist, die Bereitschaft zum Hinterfragen eigener Erkenntnisse. Genau darum geht es: Ums Heraustreten aus dem *Eigenen* und das Eintreten ins *Andere.*

Das Andere ist benannt: Freut euch im *Herrn.* Also nicht: Freut euch an dem, was euch gelungen ist. Also nicht: Freut euch, dass die Zinsen euer Konto ansteigen lassen. Also nicht: Freut euch über euren Leistungsnachweis. Nein – Freut euch am *Anderen.* Und dieses Andere ist benannt:

Freut euch an Gott.

Wir nehmen zur Kenntnis, dass es sich bei der Freude, zu der Paulus herausruft, nicht um überschäumende Heiterkeit, um eine nicht zu bremsende Euphorie handelt. Wer sich in Gott hinein freut, freut sich zunächst aus dem Eigenen hinaus. Freude in das Andere, also nicht ins Eigene hinein, hat einen bekannten Namen. Diese Freude ins Andere – hier: in Gott hinein – heißt: *Vertrauen.* Was das Leben sichert, ist nicht das Eigene. Was das Leben sichert, ist das Andere, das, was Gott gibt.

Freude hat mit einem Gegenüber zu tun

Und dann wird es gleich richtig weihnachtlich. Wo vom Beschenktwerden die Rede ist, darf auch das Nachdenken übers Schenken nicht fehlen: *Lasst alle Menschen eure Güte erfahren,* oder, wie wir es in der Übersetzung Luthers lesen: *Eure Lindigkeit lasset kund sein allen Menschen!*

Hier liegt's nicht nur am Begriff, dass wir nicht sofort begreifen. Was genau sollen wir tun? Also, darauf schauen, dass an Weihnachten wieder einmal alle, welche sich das Jahr über sonst nicht sehen und kaum etwas miteinander zu tun haben, für zwei, drei Stunden friedlich unterm Tannenbäumchen und anschließend beim superben Buffet sitzen: das kann ja wohl nicht gemeint sein. Es muss etwas zu tun haben damit, wie die Menschen miteinander umgehen.

Das Evangelium hat diesbezüglich einen weiteren Horizont. Es geht nicht von der Angst des Habenden aus, der in ständiger Sorge um seinen Besitz lebt. Und es geht ebenso wenig von der Angst des Habenichts aus, dessen Überlebenstrieb ihn nicht Halt machen lässt vor fremdem Eigentum.

Das Evangelium geht vom *Vertrauen* aus. Es geht davon aus, dass ein Mensch sich selbst, den eigenen Besitz und die eigenen Mankos *loslässt,* in dem er sich auf Gott *verlässt.*

Der, der kommt, ist schon da

Der Herr ist nahe. Um diesen zentralen Satz drehen sich alle Gedanken. Gott ist in eurer Nähe. Vielleicht dachte Paulus eher an eine zeitliche Nähe. Zusammen mit den Christen seiner Zeit erwartete er die Ankunft des Messias; diese Erwartung teilten die jungen Christen mit den Juden, aus deren Glauben sie die Messiashoffnung übernommen hatten. Und weil die Zeiten schlecht waren und die Bedrohung groß, hofften sowohl Juden als auch Christen, auf eine baldige Ankunft dessen, der ein Reich des Friedens und der Gerechtigkeit aufrichten würde.

Diese Feststellung, dass der Herr nahe sei, ist aber durchaus nicht nur zeitlich sondern auch räumlich zu verstehen. Gott ist in eurer Nähe. Angestellte in einem Betrieb fürchten bisweilen die Nähe des Chefs. Soldaten fürchten die Nähe der Offiziere (zumindest früher war das so). Wer eine Prüfung zu absolvieren hat, fürchtet die Nähe der Juroren oder der Experten. Wenn Autoritäten in der Nähe sind, ändert sich Tonlage und Inhalt der Gespräche. Solche Herren als Beispiel nennen zu wollen, wäre schnurgerade am Ziel vorbei geschossen. Nicht die *Angst* vor dem Herrn lässt die Menschen anders miteinander umgehen, sondern die *Freude* darüber, selbst geliebt, bejaht, akzeptiert zu sein.

Wenn wir auf dieser Spur der Liebe und nicht auf der Spur der Angst und des falschen Respekts bleiben, haben wir die Botschaft verstanden. Das Wissen darum, geliebt zu sein, macht uns erst frei von uns selbst. Wir aber sollen es machen wie Gott: Wir sollen Menschen werden. Und das werden wir nur im Vertrauen darauf, Gehaltene zu sein, um dann den anderen wiederum zum Halt zu werden. Da kommt dann aber Freude auf, wenn aus dem Zusammenspiel des Vertrauens Räume geschaffen werden, in denen Menschen atmen, aufrecht gehen, sich entfalten können!

Friede ist schon – Friede muss noch werden

Der Friede, der aus der empfangenen und gegebenen Liebe heraus wächst, ist nicht Ersatz für allerlei misslungene Versuche, ist nicht die ultima ratio, die letzte Möglichkeit, das Zusammenleben zu gestalten. Dieser Friede ist die Voraussetzung dafür, dass der Mensch dem Menschen menschlich begegnet – menschlich im Sinne der Schöpfungsabsichten Gottes. Wo Friede im Sinne der Absichten Gottes gelingt, wird die Gegenwart nicht nur wohnlich, sie wird zum Abbild dessen, was Juden, Christen, Muslime und zuletzt die Menschen der ganzen Welt erhoffen. Wo der Friede Gottes die menschliche Vernunft bestimmt, ist sein Reich angebrochen, ist seine Nähe erfahrbar. Weil Weihnachten vor der Tür steht, können wir es auch so sagen:

Ehre sei Gott, der nicht in der Höhe geblieben ist, damit uns Menschen – ihm zu Gefallen – der Friede gelingt.

Weihnachten – nacherzählt

Vor ungefähr 2000 Jahren lebte ein Kaiser, der große Macht über weite Teile der Erde hatte. Schon seine Vorgänger waren mit vielen gut ausgerüsteten Soldaten unterwegs gewesen und hatten ein Land nach dem anderen erobert. Der Kaiser, von dem ich erzählen will, übernahm von seinen Vorgängern eine Idee, um zu mehr Geld zu kommen; denn Geld brauchte er! Er brauchte Geld, um neue Kriege zu führen; er brauchte Geld, um die Stadt, in der er wohnte auszubauen; und schließlich brauchte er Geld, um seinen Lebensstandard zu garantieren und sich für die Zukunft, nach seiner Regierungszeit, abzusichern; denn damals gab es die segensreiche Einrichtung der millionenschweren Abgangsentschädigungen noch nicht; möglicherweise hatte dieser Potentat ein Konto bei einem Geldinstitut im helvetischen Turicum.

Seine Idee, um zu mehr Geld zu kommen, war diese: Alle Menschen, welche in den Ländern wohnten, die er erobert hatte, sollten etwas zahlen müssen. Um an alle Leute heranzukommen, befahl er, dass jeder Mann und jede Frau in den Ort reisen müssten, wo ihre Vorfahren, ihre Väter und Großväter gewohnt hatten. Das war der Grund, weshalb Josef aus dem Dorf Nazareth in Galiläa die beschwerliche Reise nach Bethlehem unternahm. Er sollte sich dort in die Steuerliste des Kaisers eintragen lassen. Das kam Josef sehr ungelegen, denn eigentlich hatte er vor, zu heiraten und nicht einen Fußmarsch von 100 Kilometern zu unternehmen. Aber was sein musste, musste sein: er machte gemeinsam mit Maria – so hieß die Frau, die er heiraten wollte – diese aufgezwungene Reise. Für Maria war es besonders mühsam, denn sie erwartete ein Baby.

Die Reise dauerte mehrere Tage. Und als sie endlich in der Heimatstadt Josefs ankamen, waren für sie in der ganzen Stadt Bethlehem keine Übernachtungsmöglichkeiten mehr aufzutreiben; alle Schlafplätze waren belegt.

Am Stadtrand fanden sie schließlich einen alten Stall, der ihnen wenigstens ein Dach über dem Kopf bot. Sie schlüpften hinein und bauten sich von dem Stroh, welches sie vorfanden, ein Bett. Das alles wäre eigentlich gar kein Problem gewesen, denn zuhause schliefen sie auch nicht in komfortablen Betten; wie die meisten Menschen ihrer Zeit lagen sie auf Heu- oder Strohliegen. Das war eben so. Das Problem war nur, dass ausgerechnet jetzt Marias Kind zur Welt kommen wollte! Zwar wäre dieses Kind auch zuhause bei Josef und Maria im Strohbett zur Welt gekommen, aber in so einem Augenblick sind eben die Frauen und Mütter lieber in ihren eigenen vier Wänden als irgendwo auswärts.

Das Kind kam zur Welt, und Maria nahm es in ihre Arme. Wenn Maria müde war und schlafen wollte, richtete Josef für das Kind, es hieß übrigens wie viele Kinder seiner Zeit Jesus, ein kleines Bettchen aus Heu und Stroh.

Der Stall, in dem Maria und Josef logierten, lag – wie schon erwähnt – am Stadtrand. Etwas außerhalb der Stadt waren die Weiden, auf denen die Tiere der Bauern von Bethlehem weideten. Um auf die Tiere aufzupassen, hatten die Bauern Kinder und Männer angestellt, welche selbst keine Tiere und kein Land zum Bebauen besaßen. Von diesen Leuten hielten die Bewohner nicht viel. Man sagte, sie seien Diebe, sie seien Habenichtse und dumm. Es stimmte, dass diese Kinder und Männer nicht viel wussten, denn sie hatten kein Geld, um lesen und schreiben zu lernen. Sie

34

waren arm, und deshalb von der Bevölkerung verachtet, aber auch gefürchtet. Man wollte nichts mit ihnen zu tun haben. Diese Hirten mussten auch während der Nacht bei den Tieren bleiben; deshalb schliefen sie immer in der Nähe der Weideplätze.

Die Nacht, in der Maria ihr Kind zur Welt gebracht hatte, wurde schließlich auch für die Hirten eine unruhige Nacht. Sie hörten und sahen Dinge, welche sie noch nie gehört und gesehen hatten: Der Himmel wurde, obwohl es Nacht war, plötzlich hell. Und es erreichte sie eine wundersame Mitteilung: Es sei etwas im Gange, was ihr Leben verändern werde, sie seien nicht mehr bloß unten und die anderen oben; und wenn das die Menschen schon so bestimmt hätten: Gott habe eine andere Absicht mit ihnen.

Die Hirten dachten, es habe vielleicht eine neue Regierung gegeben, ein neuer, besserer König herrsche, oder der Kaiser in Rom sei durch einen anderen ersetzt worden. Dann hörten sie aber, dass es sich um etwas ganz anderes handle. Gott sei in ihre Nähe gekommen, und zwar als ein kleines, neugeborenes Kind, drüben im kleinen, halb verfallenen Stall am Stadtrand. Die Sache interessierte sie. Und weil sie sowieso nichts zu verlieren hatten, sagten sie: „Wir wollen hingehen und sehen, worum es sich da handelt." Von dem Wenigen, das sie hatten, nahmen sie das mit, von dem sie annahmen, man könnte es einem kleinen Kind und seinen armen Eltern schenken. Als sie beim Stall ankamen, war Josef gerade dabei, die Tiere zu füttern. Da waren ein Esel und ein Ochse im Stall, von denen zwar die, welche diese Geschichte aufgeschrieben haben, nichts erzählten, aber ohne die es in der Weihnachtsgeschichte keinesfalls geht. Sie stehen nämlich da für ein Gleichnis. Vor vielen, vielen hundert Jahren hatte ein Mann gesagt, dass ein Esel oder ein Ochse besser verstünden, was Gott zu sagen habe, als die großen, reichen und frommen Leute, die meinen, alles zu verstehen und alles zu können. In der Tat gab es um den Stall herum und weit ins Land hinein kaum Menschen, die verstanden, was in dem kleinen Stall geschehen war und was den Hirten von einem neuen Leben gesagt worden war. In der Hauptstadt dieses Palästina genannten Gebietes, in Jerusalem, gab es einen Regenten. Er hieß Herodes. Der Kaiser in Rom hatte ihn eingesetzt. Ihm kam etwas von der Geburt eines Kindes zu Ohren, eines Kindes, durch welches alles anders werden solle. Dieser Protektionsfrosch von Roms Gnaden regte sich furchtbar auf, als er das hörte, ließ sich aber zunächst nichts anmerken. Denn da waren drei Astrologen aus fernen Ländern bei ihm, die ihm erzählten, sie hätten aus den Sternen gelesen, dass hier, in diesem Land, ein neuer König zur Welt gekommen sei. Herodes hatte Angst, ein anderer König könnte an seiner Stelle eingesetzt werden. Er sah Einfluss, Ansehen und vor allem Besitzstand bedroht. Da beschloss er das zu tun, was alle Männer tun, wenn sie Angst um ihre Macht haben: Der Herausforderer musste weggeschafft werden, mit allen zur Verfügung stehenden Mitteln!

Während er finstere Pläne schmiedete, zogen die Wahrsager aus dem Ausland weiter und fanden schließlich den Ort, wo Jesus geboren worden war. Sie brachten Geschenke in die arme Hütte, denn sie hatten begriffen, dass mit der Geburt dieses kleinen Kindes etwas Großartiges geschehen war: Hier war ein Mensch zur Welt gekommen, der alles verändern würde, angefangen beim Nachdenken der Menschen über die Bedeutung dessen, was sie als wertvoll bezeichneten.

Da waren nun die dummen, armen und verachteten Hirten. Da waren die Ausländer. Und – so erzählen es sich die Menschen – da waren der Ochse und der Esel. Ausgerechnet Leute und Wesen, von denen man sagte, sie verstünden nichts von der Sache, glaubten daran, dass sich mit diesem Kind auf der Welt etwas verändern würde!

Die Gescheiten, die Gelehrten, die Frommen und Rechtschaffenen im Land aber hatten nichts begriffen oder – wie Herodes – alles falsch verstanden, denn man versteht immer alles falsch, wenn man Angst hat um den eigenen Besitzstand.

Maria und Josef merkten sehr wohl, dass die Stimmung schlecht war und sie und ihr Kind bedroht waren. Deshalb machten sie das, was Millionen von Menschen in so einer Situation auch zu tun gezwungen sind: Sie flohen in ein Land, wo man sie wenigstens nicht bedrohte. Dieser Weg war nun noch weiter und beschwerlicher, als von Nazareth nach Bethlehem. Das Nötigste fehlte. Der Weg musste gesucht werden. Kaum jemand half.

Wie sie als Asylanten lebten, ist nirgendwo aufgeschrieben. Aber wir nehmen an, dass es ihnen kaum besser ging, als es Asylsuchenden heute bei uns geht. Sie hofften und sehnten sich nach ihrem Zuhause, nach der Arbeit in der Schreinerei, nach den Verwandten und Freunden. Als Bedrohte, die der Bedrohung entflohen waren, wurden sie nun ihrerseits als Bedrohung empfunden dort, wo sie ein bisschen Schutz suchten.

Zu Flüchtlingen waren sie geworden, weil die Menschen, die glaubten, alles zu wissen (oder zumindest alles besser zu wissen), Angst hatten, dass aus diesem Kind Jesus einmal ein Mann werden könnte, der alles verändere.

Davor haben die Menschen auch heute noch am meisten Angst: vor der Veränderung! Und Angst vor der Veränderung haben sie, weil sie glauben, dass sie nach einer Veränderung weniger besitzen würden als zuvor. Diese Angst bezeichnete einer meiner jüdischen Bekannten einmal als Einfamilienhäuschenfaschismus. Solche Menschen sind es vor allem, die darauf drängen, dass von Zeit zu Zeit Abstimmungen stattfinden mit der Absicht, Flüchtlinge möglichst schon an der Grenze wieder zurückweisen zu können, damit die Art und Weise, wie man das Leben gestaltet, ja nicht hinterfragt werden muss, damit sich an den eigenen Lebensumständen ja nichts verändert.

Aber die Veränderung, die mit dem Kind Jesus kommen sollte, war nicht eine Veränderung der Umstände. Die *Menschen*, welche mit ihm zusammen waren, veränderten sich! Sie hatten weniger Angst, etwas zu verlieren. Sie hatten weniger Angst, etwas von dem, was sie besaßen, wegzugeben. Sie hatten weniger Angst vor anderen Menschen, vor Begegnungen und vor dem Leben.

Die Gescheiten, die frommen Besserwisser, die, welche die Macht hatten, hatten das – wie schon gesagt – nicht begriffen, was damals in Bethlehem geschehen war.

Der Ochse und der Esel hatten es gespürt. Die Hirten hatten es verstanden. Und die Ausländer hatten es geglaubt.

Zum Jahresanfang

Euer Herz erschrecke nicht! Glaubt an Gott und glaubt an mich! Im Haus meines Vaters sind viele Wohnungen; wäre es nicht so, hätte ich euch dann gesagt: Ich gehe, um euch eine Stätte zu bereiten? Und wenn ich gegangen bin und euch eine Stätte bereitet habe, komme ich wieder und werde euch zu mir holen, damit auch ihr dort seid, wo ich bin. Und wohin ich gehe – ihr wisst den Weg.

Thomas sagt zu ihm: Herr, wir wissen nicht, wohin du gehst. Wie können wir da den Weg kennen? Jesus sagt zu ihm: Ich bin der Weg und die Wahrheit und das Leben; niemand kommt zum Vater, es sei denn durch mich.

Johannes 14, 1-6

Die Lebensfrage

Menschen sind unterwegs. Ihre Wegbegleiterin ist die Unsicherheit: Wo werden wir heute Nacht schlafen? Was werden wir morgen essen? Wer gibt uns in den kommenden Tagen Arbeit? Aber auch: Stimmt unser Lebensentwurf? Haben wir auf das Richtige vertraut, auf den sicheren Wert gesetzt? Stimmt der Weg, den wir eingeschlagen haben? Oder haben wir irgendwann einmal eine falsche Richtung gewählt, einen falschen Entscheid gefällt?

Die Menschen, von denen hier im Johannesevangelium die Rede ist, haben sich einem anvertraut, der nicht auf alle Fragen eine Antwort hat, der ihnen aber gezeigt hat, wie einen auch die Fragen Schritt um Schritt weiterbringen. Nur eben: der, dem sie sich anvertraut haben, ist nicht nur derjenige, der sie leitet; er hat eben auch oft auch Anteil an den Gründen ihrer Fragen; mit dem einfachen, schlichten oder gar blinden Glauben ist nichts. Seine Reaktionen auf Lebensfragen sind nicht einfach flinke Antworten. Ohne Nachdenken geht da gar nichts. Und so ist's auch mit den Gedanken, die er zu grundsätzlichen Lebensfragen der sich unterwegs befindenden Menschen sagt. Der, dem sie sich anvertraut haben, lenkt ihre Gedanken in eine ganz bestimmte Richtung. Sinngemäß sagt er zu ihnen:

„Ich verstehe eure Unsicherheit. Die kann euch niemand ein für alle Mal nehmen. Immer wieder wird sie auftauchen und euch das Weitergehen erschweren. Glaubt mir, auch ich bin nicht frei davon. Man kann nicht Mensch sein und keine Unsicherheit kennen. Vertraut mit dem gleichen Vertrauen wie ich. Dann werden wir unser Ziel finden."

„Aber", wendet einer ein, „wie können wir ein Ziel finden, wenn wir nicht einmal den Weg wissen? Wie können wir vertrauensvoll unterwegs sein, wenn Zweifel immer wieder das Vertrauen durchlöchert?"

Und der, an den sich immer wieder alle mit ihren Fragen, Ängsten und Unsicherheiten wenden, gibt wiederum keine Antwort, die einen Zustand der Sicherheit ein für alle Mal gewährleisten würde: „Ich kann euch nicht einfach sagen: Macht es so oder so. Ich kann nicht einmal von euch verlangen, dass ihr mir alles nachmacht. Denn jeder Mensch ist ein Wesen für sich – das gilt für euch so gut wie für mich", sagt er. „Aber ich kann euch einladen, dass ihr euch an meinem Vertrauen, an meinem Glauben an ein Ziel orientiert. Wer sich mit meinem Vertrauen auseinandersetzt, mit dem ich den Weg beschreite, wird auch mein Ziel erkennen."

Nun wollen es alle wissen: „Beschreibe uns dein Vertrauen. Sage uns, woran du dein Leben festmachst, wo du beheimatet bist, damit du den Weg durch die Unsicherheiten des Lebens gehen kannst; dann finden vielleicht auch wir unsere Spur."

Statt einer Antwort: eine Befreiung

An dieser Stelle muss ich meine Nacherzählung unterbrechen und zurückgreifen auf das altbekannte

Zitat und Ich-bin-Wort Jesu: *Ich bin der Weg, die Wahrheit und das Leben.*

Wir kennen es. Es gehört zur eisernen Ration, zur christlichen Notfallpackung: *Bei Nicht-mehr-Weiterwissen einfach aufreißen,* heißt es darauf. Und jetzt unsere Verlegenheit: Was machen wir mit diesen paar wenigen Worten? Wie setzen wir sie um in Hilfeleistung bei aktuellen und akuten Lebensfragen? Auswendig gelernt ist schnell. Um daraus etwas zu gewinnen, dazu braucht es Nachdenken.

Wir denken also nach: Was heißt das, wenn Jesus sagt: *Ich bin der Weg, die Wahrheit und das Leben?*

Weg, Wahrheit, Leben sind dynamische Begriffe; im Prinzip geht es um Befreiung, um die Freiheit zur Lebensentfaltung. In diesen Worten steckt ein Lösungsansatz im Hinblick auf die Verstrickung des Menschen in seine Lebensfragen. Alles, was mich aus Verstrickungen löst, macht mich frei. Dieses drei Gedanken umfassende Jesuswort will mich also zunächst befreien. Frei sein von etwas ist ein Lebensgefühl, eine positive Erfahrung; wer könnte das nicht bestätigen. Aber es ist keine Antwort. Nichts, was einem Menschen im Leben begegnet, ist damit aus dem Weg geräumt. Es ist zunächst nur gesagt: Es gibt einen Zugang zu den Fragen, welche das Leben stellt. Der Zugang heißt: Gelingender Umgang mit den Zwängen und den Herausforderungen des Lebens kann nur aus der Freiheit heraus geschehen. Die von Jesus verwendeten Schlüsselworte heißen: Weg, Wahrheit, Leben.

Der Weg

Als erster Gedanke ist *der Weg* genannt. Wir halten fest: Jesus sagt nicht, er kenne den Weg. Er sagt: Ich *bin* der Weg. Wer sich also zur Lebensgestaltung an

Jesus orientiert, ist auf dem Weg, ist unterwegs, hat die endgültige Bleibe noch nicht gefunden. Vielleicht lässt es sich besser mit einem Beispiel erklären. In der Morgenfrühe – es ist noch dunkel draußen – hüpft ein Wanderer aus dem Stroh. Er will den Sonnenaufgang sehen. Flugs geht er los, ohne Rucksack, ohne Handschuhe, ohne Lunch. Auf dem Gipfel angekommen, erlebt er einen wunderschönen Sonnenaufgang. Bis in sein tiefstes Inneres glücklich, geht er zurück zur Hütte, friert zwar, ist hungrig wie ein Bär und wird – es sind inzwischen Wolken aufgezogen – auch noch verregnet. Als er durch die Tür der Hütte tritt, ist sein Kamerad eben dabei, aufzubrechen. Er brauchte eben etwas länger, packte den Rucksack, hat sich für unterwegs noch heißen Tee gekocht und Ersatzkleider eingepackt. Er geht zwar sicherer. Aber er wird den Sonnenaufgang nicht sehn. Er hat sich gegen die Unbilden der Witterung und gegen andere Unsicherheiten geschützt. Aber er wird nie das Glücksgefühl des ersten Wanderers erleben, dem der Sonnenaufgang wichtiger war als alle Absicherungen.
Damit ist nicht angedeutet, dass Jesus zu leichtsinnigem Unterwegssein ermuntert. Es geht ums andere: Der Weg an und für sich ist es schon wert! Die Freude am Leben kommt nicht nur daher, dass wir wissen: Wir werden einmal ankommen. Die Freude am Leben kommt auch daher, dass das Unterwegssein spannend ist und manche Überraschung bereithält. Das Leben darf geliebt werden. Genießen ist keine Sünde; Genießen ist eine Tugend!

Die Wahrheit
Beim zweiten Gedanken geht's um die Wahrheit. Auch hier wieder: Jesus sagt nicht, er kenne die Wahrheit. Er sagt: Ich *bin* die Wahrheit.

Die Menschheit hätte sich in den Jahrtausenden ihres Bestehens viel Leid und viele Kriege erspart, wenn nicht immer wieder einmal von der einen, dann wieder von der anderen Seite – und auch leider immer wieder von der Kirche – der Anspruch erhoben worden wäre, die Wahrheit zu besitzen. Es gibt sie nicht, die Wahrheit! Nur die Summe aller Erkenntnisse brächte uns der Wahrheit etwas näher. Die Wahrheit ist etwas Prozesshaftes. Nur im wachen und erfahrungsbereiten Unterwegssein kommen wir ihr näher. Nur im Vertrauen, bei Gott anzukommen, nur im Vertrauen, in der Erfüllung aufzugehen, war es Jesus möglich, nicht stur oder gar unter Anwendung von Gewalt seine Erkenntnisse unter die Menschen zu tragen. Deshalb können wir uns ihm anschließen, uns ihm anvertrauen.

Die Wahrheit wird kommen, oder besser vielleicht: Wir werden alle einmal in der Wahrheit ankommen. Nur nicht jetzt sich für die Wahrheit prügeln! Nicht jetzt eine Erkenntnis als Wahrheit behaupten, der sich auch andere unterziehen müssen! Die Wahrheit liegt immer vor uns. Wenn wir uns auf den Weg machen, kommen wir ihr kontinuierlich näher. Wenn wir behaupten, wir hätten sie, bleibt die Distanz zu ihr immer zu groß. Der Wahrheit kommt näher, wer sich auf den Weg macht.

Das Leben

Schließlich sagt Jesus, er sei das Leben. Wiederum nicht, er *habe* es. Was ich *habe*, kann mir genommen werden. Was ich *bin*, kann mir niemand wegnehmen. Bei Jesus gilt definitiv: *Ich habe, was ich bin* und nicht: *Ich bin, was ich habe!*

Und noch einmal erinnern wir uns an die beiden Wanderer. Der eine trägt ein unvergessliches Erlebnis mit sich herum. Der andere ist immer noch am Packen des Rucksacks; das gibt ihm das Gefühl der Sicherheit, lässt ihn aber das Leben verpassen. Wer immer nur den Rucksack packt, ist nicht auf dem Weg!

Die Wohnung

Das Glück der schrankenlosen Geborgenheit! Das ist es, was Jesus den Menschen vermitteln will, die sich um ihre Lebensentwürfe mühen. Er lädt ein zum Unterwegssein im Vertrauen.

Nicht ausgeschlossen, dass, wer mit diesem Entwurf unterwegs ist, manchmal friert, manchmal hungrig ist, manchmal durchnässt seines Weges zieht. Wer ab und zu den Sonnenaufgang sehen will, kommt nicht darum herum. Dieses vertrauensvolle Unterwegssein hat einen guten Grund: „Ich werde ankommen!", sagt Jesus. „Und wer im gleichen Vertrauen wie ich unterwegs ist, wird auch ankommen." Wer sich dem Vertrauen Jesu anvertraut, ist auf dem Weg zur Wahrheit, ist am Leben! Wer sich dem Vertrauen Jesu anvertraut, ist auf dem Weg der Freiheit.

Zur Jahreslosung 2009

Was bei den Menschen unmöglich ist, das ist bei Gott möglich.

Lukas 18, 27

Zunächst eine Nacherzählung

Ein in religiösen und moralischen Angelegenheiten überaus integrer Mann stellte Jesus die Frage, was er *noch* tun müsse, um zu einer inhaltsreichen, sinnvollen Lebensgestaltung zu kommen. Jesus riet ihm, sich von seinem materiellen Besitz zu trennen und den Erlös so einzusetzen, dass dieses elende Gefälle zwischen Reich und Arm als etwas weniger steil empfunden werde. Der Mann wurde sehr traurig, denn er war sehr reich.

Da zwinkerte Jesus mit einem Auge und meinte, es sei eben leichter, dass ein Kamel durch ein Nadelöhr krieche, als dass ein Reicher zu einem inhaltsreichen und sinnvollen Leben komme.

Den Umstehenden entging die Ironie in der Bemerkung Jesu, denn wie allen, denen das Haben mehr bedeutet als das Sein, fehlte auch ihnen der Humor. Den Ernst der Aussage hatten sie allerdings begriffen, und deshalb fragten sie, ob all jene, die Angst hätten um ihren materiellen, geistigen oder religiösen Besitzstand, überhaupt eine Chance hätten, zu einem sinnerfüllten Leben vorzudringen. „Nach menschlichem Ermessen wohl kaum", erwiderte Jesus. „Aber was den Menschen nicht gelingt, gelingt Gott!"

Oder wie es in der Jahreslosung eben heißt:

Was bei den Menschen unmöglich ist, das ist bei Gott möglich.

Verbindung der Jahreslosung zum Kontext

Diese Verknüpfung mit dem vorhergehenden Text muss schon sein, sonst macht man mit der für sich stehenden Jahreslosung aus Gott einen Zauberkünstler, der zum Erstaunen der Zuschauer ein Kaninchen aus dem Zylinder holt.

Das, was an diesem Text in seinem Zusammenhang reizt, lässt sich zunächst in einem provokativen Satz zusammenfassen:

Ein Reicher, ein seinem Besitz verpflichteter Mensch, kann mit den echten, wahren Werten nichts anfangen. Er lebt am Leben vorbei.

So einen Satz kann man so nicht stehen lassen! Und vor allem: So darf man in der Kirche nicht reden. Sonst kämen am Ende die Millionäre und Milliardäre nicht mehr in die Gottesdienste! Aus diesen und noch anderen Gründen versuchte man schon recht früh, diesen Text zu entschärfen.

Erster Versuch: Man sagte, in der Jerusalemer Stadtmauer habe es ein kleines Törchen gegeben, das sei eben so klein gewesen, dass ein Kamel nicht hindurchgepasst habe. Und dieses Pförtchen habe man *Nadelöhr* genannt.

Zweiter Entschärfungsversuch: Kamel heißt auf Griechisch *kamälos*. Und nun gebe es ein Wort, das ähnlich geschrieben und ausgesprochen werde, nämlich: *kalos*; das bedeutet *Strick, Seil, Tau*. Gut denn: Ein Kamel geht nicht durch ein Nadelöhr. Aber versuchen Sie es einmal mit einem Seil!

Alle diese Deutungen schlagen fehl und machen erst noch den Witz kaputt. Nein! Wir bleiben bei der Nähnadel und beim Kamel. Da gefällt mir das konsequente Weiterspinnen des Gedankens in einem Gedicht von Christian Morgenstern entschieden besser. Es wurde in der 1905 erschienenen Gedichtsammlung *Die Galgenliedern* erstmals abgedruckt:

Die Probe

Zu einem seltsamen Versuch
erstand ich mir ein Nadelbuch.
Und zu dem Buch ein altes zwar
doch äußerst kühnes Dromedar.
Ein Reicher auch daneben stand
zween Säcke Gold in jeder Hand.
Der Reiche ging alsdann herfür
und klopfte an die Himmelstür.
Drauf Petrus sprach: „Geschrieben steht,
dass ein Kamel weit eher geht
durchs Nadelöhr als du, du Heid
durch diese Türe groß und breit!"
Ich, glaubend fest an Gottes Wort,
ermunterte das Tier sofort,
ihm zeigend hinterm Nadelöhr
ein Zuckerhörnchen als Douceur.
Und in der Tat! Das Vieh ging durch,
obzwar sich quetschend wie ein Lurch!
Der Reiche aber sah ganz stier
und sagte nichts als: „Wehe mir!"

Es geht ums Unmögliche!

Bleiben wir also einmal dabei: Das Kamel zwängt
sich durch. Der Reiche bleibt außen vor. Ja, nur der
Reiche? Eben nicht! Es ist Zeit, dass wir hinter den
mit Augenzwinkern gesagten Satz Jesu kommen.
Zunächst aber doch soviel: Gemessen an dem, was
drei Viertel der Menschen auf dieser Erde besitzen
sind wir reich. Daran gibt's nichts zu rütteln. Wir
gehören auf dieser Erde zu den Reichen. Wehe uns,
wenn Morgensterns Dromedar bei uns vorbei
kommt! Aber nicht um die Konten und Wertpapiere
geht es, nicht (wie Erich Kästner es in seinem Ge-

dicht *Keiner weiß wie reich du bist* formuliert) um *Autos, Villen und Klaviere und was sonst sehr teuer ist.* Wenn Jesus von Reichtum redet, denk er an all die vielen Fäden, mit dem die Netze unserer Sicherheiten geknüpft sind. Sicherheit mache unabhängig; so argumentieren wir. Unabhängigkeit aber macht unsolidarisch, ob es sich hier um das Bekenntnis einer *Aktion für eine unabhängige und neutrale Schweiz (AUNS)* handelt oder ob sich ein Einzelner in seiner Individualität verbarrikadiert. Unsolidarisch: einer verschließt sich vor der Not des anderen. Aber nicht nur vor der Not! Unsolidarisches Leben führt in die Langeweile und – was noch weit schlimmer ist – in die Einsamkeit. Und das ist es: Ein in der eigenen Sicherheit erstickender Mensch hat definitiv den Sinn des Lebens verpasst!

Da stehen wir also und klammern uns ans Gewordene und Erworbene, als wäre das Sinn und Inhalt des Lebens und ängstigen uns, dass, wenn wir es verlören, damit auch das Leben seinen Wert verliere. Da kann es denn schon einmal vorkommen, dass sich ein gewesener Milliardär zusammen mit seinem faul gewordenen Aktienpaket vor einen Zug schmeißt, wie das in Tat und Wahrheit schon vorgekommen ist. Das Kamel steht neben uns und grinst! Es weiß mehr! Es belächelt unsere Angst vor dem verpassten Leben. Denn es kennt den Schlüssel:

Was bei den Menschen unmöglich ist, das ist bei Gott möglich.

Aha! In dieser Richtung geht es weiter im Text! Das ist die Erkenntnis, die Jesus vermitteln möchte: Da, Mensch, wo dir alle Felle davon schwimmen; da, wo du traurig vor deinem Lebensentwurf stehst, so traurig, wie jener in religiösen und moralischen Angelegenheiten überaus integre Mann in der geschilderten Jesusbegegnung; da wo es dir kalt den Rücken hinunterläuft, weil du erkennst, das das, was du für wertvoll ansahst, sich plötzlich als wertlos erweist wie eine faule Aktie; da Mensch, wo du stehst wie der Esel am Berg oder wie das Kamel vor dem Nadelöhr – da geht es weiter!

Um es in der ganzen Unbegreiflichkeit doch hörbar zu machen, zitiere ich nochmals aus einem Gedicht. Es ist von Erich Fried. Und die kleine Zeile, auf die es mir ankommt, lautet:

Es ist unmöglich
sagt die Erfahrung.
Es ist was es ist
sagt die Liebe…

Nicht der Reichtum ist es, der hindert, um zur Sinnfindung vorzudringen. Darum geht es: in welcher Beziehung wir zu dem stehen, was wir haben. Denn wir sind nicht, was wir haben; wir haben, was wir sind. Und was sind wir denn? Geliebte, von Gott Geliebte sind wir!

Zum Sinn dringt vor, wer das einmal wahrnimmt, für wahr nimmt. Alleine ist der Mensch immer in schlechter Gesellschaft. Wir brauchen Beziehungen! Und vor allem brauchen wir Beziehungen, in denen wir mit unserem Lebensentwurf auch immer wieder hinterfragt werden. Genau das tut Gott mit uns in der vorliegenden Geschichte.

Der Weisheit letzter Schluss in diesem Text lautet:
Beziehungslos, ohne Gegenüber gehst du, Mensch immer fehl! Wo du dir nur selbst Maßstab bist, kommst du immer wieder zu Fehlresultaten. Beginne damit, dich in einer Beziehung zu Gottes Ideen für eine neue Welt zu verstehen, und du wirst nach und nach auch den Sinn für dein Leben entdecken. Höre nicht auf, ab und zu über dich und das, was du für

dich als Bedeutungsvoll erklärt hast, leise zu lächeln. Denn das Kamel soll nicht das einzige Wesen sein in dieser Geschichte, das schmunzelt. Und immer wieder: Setze dem ganzen Kram dieser Weltzeit die Bedeutsamkeit Gottes gegenüber.

Oder auch so:

Stelle der Bedeutungslosigkeit der Werte und der Vergänglichkeit die Botschaft der Aufbrüche Gottes entgegen. Jenseits aller menschlichen Unmöglichkeiten warten Gottes Möglichkeiten auf uns.

Zum Sonntag Septuagesimä

Sie zogen weiter durch Phrygien und das galatische Land, da es ihnen vom heiligen Geist verwehrt wurde, das Wort in der Provinz Asia zu verkündigen. Kurz vor Mysien versuchten sie, nach Bithynien weiterzuziehen, doch der Geist Jesu ließ es nicht zu. Da zogen sie an Mysien vorbei und kamen nach Troas hinab. In der Nacht nun hatte Paulus eine Vision: Ein Mann aus Makedonien stand da und bat ihn: Komm herüber nach Makedonien und hilf uns! Kaum hatte er die Vision gehabt, setzten wir alles daran, nach Makedonien hinüberzugelangen, in der Überzeugung, dass Gott uns gerufen hatte, den Menschen dort das Evangelium zu verkündigen. Wir legten von Troas ab und gelangten auf dem kürzesten Weg nach Samothrake; am folgenden Tag erreichten wir Neapolis, und von dort kamen wir nach Philippi, einer Stadt im ersten Bezirk von Makedonien, einer römischen Kolonie. In dieser Stadt hielten wir uns einige Tage auf. Am Sabbat gingen wir vor das Stadttor hinaus an einen Fluss; wir nahmen an, dass man sich dort zum Gebet treffe. Wir setzten uns nieder und sprachen mit den Frauen, die sich eingefunden hatten. Auch eine Frau mit Namen Lydia, eine Purpurhändlerin aus Thyatira, eine Gottesfürchtige, hörte zu; ihr tat der Herr das Herz auf, und sie ließ sich auf die Worte des Paulus ein. Nachdem sie sich samt ihrem Haus hatte taufen lassen, bat sie: Wenn ihr überzeugt seid, dass ich an den Herrn glaube, kommt zu mir in mein Haus und bleibt da; und sie bestand darauf.   *Acta 16, 6-15*

Nachdenken über die Zufälle

Dieser Text reizt zum Nachdenken über die Bedeutung von Zufällen. Der Predigttext bekundet es: Es lief alles ein wenig anders als vorgesehen. Wäre es so gelaufen, wie geplant, wäre Paulus in Kleinasien geblieben. Hätte sich Lydia frauenkonform verhalten, wäre sie bei ihrer Religion geblieben und hätte nicht fremde Männer zu sich nach Hause eingeladen.

Wäre… Hätte…

Hätte die Malerakademie Wien die Bewerbung eines gewissen Adolf Hitler angenommen, wäre er im schlimmsten Fall ein schlechter Kunstmaler geworden.

Wäre ein alter Mann seinerzeit zuhause geblieben in Ur in Chaldäa, wäre wohl kaum ein Isaak geboren worden und damit auch kein Jakob mit seinen zwölf Söhnen; die Religionsgeschichte hätte einen anderen Verlauf genommen. Und man darf sich fragen, ob es im Nahen Osten heute wohl friedlicher aussähe ohne Juden, Christen und Muslime.

Hätte der Eisenacher Stadtmusiker Ambrosius Bach und seine Frau sich nach sieben Kindern gesagt, es reiche nun, wäre das achte Kind, es wurde auf den Namen Johann Sebastian getauft, nicht zur Welt gekommen. Die europäische Kultur wäre um ein nicht auszumessendes Stück ärmer.

Hätte damals ein Zimmermann in Nazareth auf den Kaiser in Rom gepfiffen und sich gesagt, mit einer schwangeren Frau reise man nicht in der Weltgeschichte herum, müssten sich die Christen etwas einfallen lassen, damit es im Dezember nicht so langweilig wäre wie in den meisten Kirchen während der übrigen Monate.

Wir jonglieren ein bisschen mit dem Gedanken, was herausgekommen wäre, wenn es jeweils nur ein klein wenig anders gelaufen wäre, als schließlich beschrieben.

Wir sind noch nicht fertig mit *Wären* und *Hätten*. Da wird in unserem Predigttext das seltsame Verhalten des heiligen Geistes angesprochen; auch bei diesem Gedanken sollten wir noch ein wenig verweilen. Wo hat man denn das schon einmal gehört, dass der heilige Geist einen Evangelisten an der Verkündigung des Evangeliums gehindert hätte? Der heilige Geist ist doch eben gerade für das Gegenteil da. Menschen! Wenn Menschen es gewesen wären, welche die Evangelisation verhindert hätten – das würden wir hinnehmen; es wäre weder das erste noch das letzte Mal gewesen. Also auch über die Funktion des heiligen

Geistes könnte man an dieser Stelle ganz schön kontrovers diskutieren.

Hätten Paulus und seine Begleiter kurzsichtig und angstbestimmt entschieden, wären sie geblieben, wo sie waren. Aber sie gaben vertrautes Terrain auf und wandten sich Europa zu. Hätten sie zu den durch eine Partei im Besonderen vertretenen Schweizer Patrioten gehört, die ihr Land am liebsten zu einem eigenen Kontinent erklärten und mit Europa nichts zu tun haben wollen, sie wären nicht abgereist – heiliger Geist hin oder her.

Über all das ließe sich reden, nachdenken, diskutieren.

Worüber nachzudenken noch wichtiger wäre

An verschiedene *Zufälle* könnte man beim Lesen dieses Textes denken, an Zufälle, die mit dem Text zu tun haben und auch an andere. Zu bemerken wäre, dass Zufälle – oder vielleicht sagten wir besser: das nicht Planbare – von uns nicht sonderlich geliebt werden. In der Regel möchten wir gerne wissen, was auf uns zukommt. Und zusätzlich wünschen wir auch Informationen darüber, weshalb es so kommen soll, wie es denn kommen muss.

Ein Beispiel für die Sehnsucht des Menschen nach dem Planbaren mag der ausführliche Wetterbericht im Fernsehen sein. Er informiert über Kaltluftpfropfen, gibt Bescheid über Hektopascal, Tiefdruckrinnen und Inversionslagen. Mit an Sicherheit grenzender Wahrscheinlichkeit wissen wir schon am Mittwoch, ob es am Samstag regnen wird – und wenn ja: wo. Man darf doch schon auch einmal fragen, wen denn diese Detailinformationen interessieren und vor allem: wem sie was nützen. Der Wetterbericht im Fernsehen vermittelt vielleicht den Eindruck, Resultat einer exakten Wissenschaft zu sein. Aber eigentlich ist er vor allem dazu da, den Menschen das Gefühl zu vermitteln, alles – oder doch beinahe fast alles – sei planbar und vorhersehbar. Die Wetterfee (so wird die Moderatorin nicht zu Unrecht genannt, denn sie hat den Stellenwert einer weisen Frau, einer Seherin, einer Prophetin) soll uns – wenn schon nicht vor einem Sturmtief, so doch wenigstens vor Überraschungen – oder eben: vor Zufällen – schützen.

Wer sich psychologisch weiterbildet, wird über kurz oder lang mit dem Satz konfrontiert: *Störungen haben Vorrang!* Solche Sätze müssen betont werden, denn ihr Inhalt ist uns zuwider. Aber offenbar sind Zufälle in der Planungsarbeit Gottes feste, nicht wegzudenkende Bestandteile. Er liebt – oft im Gegensatz zu uns – Überraschungen. Und er bezieht in der Regel die Menschen in seine Überraschungen mit ein. Im vorliegenden Predigttext wird uns eine Geschichte erzählt, die uns dazu anleiten soll, mit Störungen umzugehen und ihnen einen Platz in unserem Leben zu gewähren – vielleicht bevor wir einen Sinn darin entdecken.

Was keinesfalls übergangen werden darf
Störungen haben also Vorrang. Dieser Prämisse scheint auch Gott bisweilen zu folgen; und sein überraschendes Handeln ist es, welche die Menschen weiterbringt.

Vier Gedanken, die sich am überraschenden Handeln Gottes orientieren, sollen noch formuliert werden. Es sind Gedanken, die eigentlich der Kirche auf die Beine helfen sollen. Und weil die Kirche ja auch mit uns und wir mit ihr zu tun haben, sind sie eben auch für uns:

1. Bleiben, wo wir sind und bleiben, wie wir sind, wäre einfacher und könte auch mit frommen Sätzen begründet werden. Niemand hätte es Paulus und seinen Begleitern übel genommen, wenn sie geblieben wären, wo sie waren und gepredigt hätten, wie sie andernorts auch schon gepredigt hatten. Bleiben wäre einfacher gewesen. Aber der Hilferuf eines Hilfesuchenden, der Ruf eines Fremden, eines Außenstehenden, zählte für sie mehr.

2. Wir schließen daraus: Kirche hat aufbruchbereit zu sein! Und wenn sie es nicht ist, macht sie etwas falsch. Kirche ist bereit, bekanntes Terrain zu verlassen. Der heilige Geist ist offenbar nicht nur der, welcher immer diejenigen bestätigt, die sich auf ihn berufen. Er ist auch der, der sich dem Gewohnten, Alteingesessenen bisweilen verweigert und zu neuem Nachdenken und zu neuen Aufbrüchen provoziert. Wer ihn immer am gleichen Ort festzumachen versucht, könnte eines Tages überrascht werden durch den Umstand, dass er einfach nicht mehr da ist. Und das wäre dann allerdings alles andere als ein Zufall!

3. Der erste Gottesdienst in Europa fand unter freiem Himmel statt. Es war der Boden, auf dem sich sonst die jüdische Gemeinde einfand. Wir hören heraus: Die Kirche braucht nicht unbedingt vier oder mehr Wände und ein Dach; und schlimmstenfalls geht's auch ohne Orgel. Hier geht es unter anderem auch darum: Die Kirche muss wissen, dass ihre Wurzeln viel älter sind, als sie meint. Der Boden, auf dem sie feiert, ist älter als sie selbst. Tradition ist nicht einfach Ballast. Tradition ist das Bewusstsein, in die Geschichte Gottes hineingenommen zu sein und auf der Geschichte Gottes weiter zu wachsen. Wir haben darüber nachzudenken und dankbar zu sein dafür, dass Jesus ein Jude war!

4. Am Anfang war ein Traum. Kirche lebt davon, dass es in ihren Reihen immer wieder Träumer gibt. Träumer sind Menschen, die sich nicht einfach zufrieden geben mit einschränkenden Realitäten. Träumer setzen sich allenfalls über gut begründete Grenzen auch einmal hinweg – mit nicht mehr in der Hand als einer Vision, dem Ruf eines Hilfebedürftigen und dem festen Vertrauen auf Gottes Geleit. Beachtenswerte Einschränkung: Träumer, die alleine losrennen, gefährden sich, gefährden die Kirche und damit die Sache Gottes. Träume, Visionen werden besprochen im kleineren oder größeren Kreis. Das war schon zur Zeit des Paulus so. Die Sache Gottes kommt weiter, wenn *mehrere* sagen, der heilige Geist habe sie geführt, als wenn ein *einzelner* für sich in Anspruch nehmen will, der heilige Geist habe ihm gesagt...

Zwei Möglichkeiten haben wir, um mit der Botschaft dieses Textes umzugehen: Wir lehnen ab, weil wir befürchten, dass die Zukunft der Kirche – bedingt durch die gottgewollten Zufälle – uns immer wieder neue Überraschungen Gottes beschert. Und dabei möchten wir doch gerne endlich unsere Ruhe haben! Oder wir akzeptieren – und anvertrauen uns mit Freude und Unternehmungslust den gottgewollten Zufällen seines Planen und Handelns.

Hier wird mit Nachdruck der zweite Weg empfohlen!

Zum Sonntag Sexagesimä

Mit dem Reich Gottes ist es so, wie wenn einer Samen aufs Land wirft; er schläft und steht auf, Nacht und Tag. Und der Same sprosst und wächst empor, er weiß nicht wie. Von selbst bringt die Erde Frucht, zuerst den Halm, dann die Ähre, dann das volle Korn in der Ähre. Wenn aber die Frucht es zulässt, schickt er sogleich die Sichel, denn die Ernte ist da.

Markus 4, 26-29

Das Himmelreich ist unanschaulich

Bevor wir auf dieses Gleichnis eingehen, weise ich hin auf einen Gedankensprung, der mir beim Lesen des Textes widerfuhr. Ich erinnerte mich an eine Stelle in einer Bildergeschichte der bekannten Figur *Asterix*. Asterix, der Titelheld, ist ein gallischer Krieger, der zur Zeit von Julius Cäsar – also etwa 50 Jahre vor unserer Zeitrechnung – zusammen mit seinem Freund Obelix gegen die römische Besatzung kämpft. Eines Tages treffen die beiden in ihrem geliebten Wald statt Eichen nur noch Löcher im Boden an: Die Römer haben damit begonnen, den Wald zu roden. Mit Hilfe von Eicheln, welche vom Druiden des Dorfes mit einem Elixier präpariert worden sind, lassen sie die gefällten Bäume in sekundenschnelle wieder erstehen. Asterix, von der Wirkung dieser Eicheln überwältigt, steht vor einer dieser in einem Nu gewachsenen turmhohen Eichen und sagt: „Hast du gesehen, mit welcher Geschwindigkeit sie wachsen?" Und Obelix, ein eher einfaches Gemüt, erwidert unbeeindruckt: „Ich hab' zum ersten Mal eine Eiche wachsen sehen. Ich weiß also nicht, mit welcher Geschwindigkeit sie sonst wachsen."

Aus dieser Bemerkung spricht eine Gelassenheit, von der man kaum behaupten könnte, sie orientiere sich am Wesen eines sich am amerikanischen Vorbild ausrichtenden Gemeindegründungsstrategen. Und damit sind wir wieder zurück bei unserem Gleichnis. Weiß jemand, wie schnell aus einem Samenkorn eine Ähre wird? Hat vielleicht schon jemand zugeschaut? Genaueres kann ich darüber auch nicht sagen. Bei Bohnen und Kresse geht es schneller, soviel ist mir bekannt. Aber auch da: Man müsste stundenlang, wenn nicht sogar tagelang sitzen und warten – und warten – und warten.

Ums Warten geht es in unserem Gleichnis, ums Warten auf die Ernte. Es wird ausgesät. Es wächst. Und es kann geerntet werden – irgendwann einmal. Das ist die ganze Dramatik dieser Erzählung. Für einen Fernsehkrimi reicht es nicht. Spannend wird's auch nicht, wenn gefragt wird, worauf denn gewartet werde. Die Antwort wird nämlich schon am Anfang der Geschichte gegeben: Auf das Gottesreich.

Dazu fällt mir momentan nur eines ein: Es sind nicht mehr so viele, die aufs Gottesreich warten, wie auch schon! Wenn ich den Prozentsatz der Wartenden anhand des Gottesdienstbesuches in mir bekannten Gemeinde schätzen müsste, käme ich zum Schluss: Es sind vielleicht – wenn's hoch kommt – etwa drei Prozent in unserer Gesellschaft, die ihrer Erwartung hinsichtlich des Gottesreiches mit einem Kirchengang Ausdruck verleihen. Und viele, von denen die warten, sind über dem Warten alt geworden.

Allerdings: Was sagt denn das Gleichnis über die auf das Gottesreich Wartenden? Nichts Schlechtes! Sie werden auch nicht besonders erwähnt oder ihrer Geduld wegen gerühmt. Eher können wir beim Lesen dieses Textes davon ausgehen, dass es sich bei dieser Warterei um eine ganz normale Angelegenheit handelt.

Diese Tendenz gefällt mir: Die auf das Gottesreich Wartenden sind keine gehetzten Macher, die mit allerlei Hilfsmittel den Erfolg zwingen wollen. Natürlich gab es in der Kirchengeschichte immer wieder die Ungeduldigen, die Gottes Sache auf mancherlei Weise beschleunigen wollten. Und eben ist man wieder dabei, in einer mir nahestehenden Kirche das Glück vermittels einer Strategie zwingen zu wollen. Um beim Bild zu bleiben: Wem das Wachsen der Saat Gottes zu langsam geht, hilft schon gerne einmal etwas nach; nicht selten ist dann Mist im Spiel.

Da ist keine Erneuerung

Das Gleichnis leitet zu differenzierter Wahrnehmung an. Wachstum dessen, was das Gleichnis als *Gottesreich* bezeichnet, ist nicht am Erfolg, beziehungsweise an Mitgliederzahlen wahrzunehmen. Das, was das Gleichnis mit *Gottesreich* meint, ist nämlich nicht einfach die Ausbreitung des kirchlichen Einflusses auf die Gesellschaft. Das Gottesreich breitet sich dort aus, wo Menschen im Einflussbereich Gottes stehen und das eigene Leben und dasjenige ihrer Umwelt im Sinn der Ideen Gottes gestalten, mitgestalten oder auch einmal umgestalten. Die Gleichung ist ganz einfach: Wenn sich Friede und Gerechtigkeit außerhalb der Kirche überzeugend verwirklichen, während in den Mauern der Kirchen ein dogmatischer Hickhack oder ein lächerliches Seilziehen zwischen den Bekenntnissen herrscht oder einfach nur um des Kaisers Bart gefeilscht wird, ist die Antwort, wo denn das Gottesreich wachse, schon gegeben. Das ist kein schönes Bild, aber es ist ein gutes Beispiel: *Das Gottesreich, die Ausbreitung von Gottes Träumen und Visionen mit seiner Schöpfung ist nicht an eine Institution gebunden.*
Für uns heißt das: Wer sehen will, wie Saat aufgeht, muss wissen, wo hinzugucken ist – und trotzdem nicht zu voreiligen Schlüssen kommen. Diese Glei-

chung geht nicht auf, die so lautet: In Doktor Beat Richners Spital in Kambodscha geschieht etwas in Richtung Friede und Gerechtigkeit, beim Obdachlosenpfarrer Sieber in Zürich auch – und in den Kirchen läuft sozusagen nichts; in den Jugendkirchen und ähnlichen sich gewissermaßen an Einschaltquoten orientierenden frommen Veranstaltungen geht die Post ab und die Reihen sind gefüllt, während in traditionellen Gemeinden die Reihen sich lichten und der Altersdurchschnitt steigt. Da hätten wir das Gleichnis wiederum falsch gelesen. Es geht nicht um Erfolg. Es geht um verändernde Erneuerung.

Wenn Saat aufgeht, verändert sich das Bestehende – nicht rasant, aber kontinuierlich. Wer aufmerksam wartet, wird Teilnehmerin, Teilnehmer an einem Prozess der Veränderung. Das ist das Kriterium. Wenn sich Menschen allerdings nicht der erneuernden Veränderung oder der verändernden Erneuerung aussetzen wollen, wenn sie das Warten auf brachem Feld vorziehen, weil man dann wenigstens weiß, was man hat – dann allerdings ist die Chance verpasst. Wenn *das* das Bild der Kirche sein sollte – Brachland also –, dann ist Kritik angebracht.

Bei Martin Buber findet sich in seiner Sammlung „Erzählungen der Chassidim" folgende Geschichte:

Zur Zeit, da Rabbi Menachem im Lande Israel wohnte, ereignete es sich, dass ein törichter Mann, ohne bemerkt zu werden, den Ölberg bestieg und vom Gipfel aus in die Schofarposaune stieß. Im aufgeschreckten Volk sprang die Kunde um, dies sei das Schofarblasen, das die Erlösung [also das Kommen des Messias] *verkündige. Als das Gerücht zu Ohren des Rabbi Menachem kam, öffnete er das Fenster, sah in die Welt hinaus, schüttelte den Kopf und sprach: „Da ist keine Erneuerung."*

Wo sich das gewohnte Bild der Welt in nichts verändert, da ist Brachland. Wo Wartende nur ängstlich darauf schauen, dass sich am Gewohnten nichts bewegt – da ist Brachland. Wo Kirche verändernde Erneuerung fürchtet – wächst nichts. Und wo nichts wächst, wird auch keine Ernte eingefahren.

Resignation ist unangebracht – trotz allem

In einem 1987 erschienenen Buch über Gemeindeaufbau wird der Brief eines Gemeindepfarrers aus der damaligen DDR wiedergegeben; eine gespenstische, damals in unseren Breitengraden noch schlecht vorstellbare Situation wird beschrieben:

„Nun ist in R. am Sonntag wieder keiner zum Gottesdienst gekommen. R., das ist eine Gemeinde, die ihre Kirche nicht sauber macht, keine Blumen auf den Altar stellt, wo kein Kind in die Christenlehre geht, wo die Kirche einfällt... In jedes kirchliche Haus kommt das Gemeindeblättchen. Aus den Häusern kommt aber keiner."

Heute, rund ein Vierteljahrhundert nach dem dieser Brief verfasst wurde, sind solche Situationsbeschreibungen auch bei uns absolut denkbar geworden.

Hier ist Resignation nachgerade greifbar. Hier geschieht nichts, und deshalb ist Resignation auch verständlich. Resignation ist Ausdruck vergeblichen Wartens, ist Hoffnungslosigkeit. So möchte ich nicht warten! Wer nur aufs Verlorene oder auf das nicht zu Erreichende starrt, wird depressiv. Und deshalb möchte ich mit Nachdruck festhalten: Es geschieht nicht einfach nichts. Es geschieht überall etwas. Auch in müde und alt gewordenen Gemeinden wo die Jugend fehlt, auch in einer scheinbar erstarrten Kirche, wo nur greise Männer das Sagen haben, geschieht nicht einfach nichts. Das Gleichnis zielt ja eben nicht darauf hin, dass endlich etwas geschieht. Es zielt darauf hin, dass das, was geschieht, *wahrgenommen* werden kann. Und deshalb sollen die auf die Vollendung des Gottesreiches Wartenden nicht vor allem das scheinbar Nicht-Geschehende beklagen, sondern sich am Geschehenen und am Geschehenden orientieren. Ich bin überzeugt, dass uns dazu allen ein Beispiel einfallen würde.

Übrigens: Der Brief des Pfarrers, der die trostlose Situation in seiner Gemeinde in R. beschreibt, geht noch weiter. So schreibt er gegen den Schluss noch etwas über die Schwierigkeit des Stillhaltens:

„Stillehalten... ist sehr schwer. Denn man will aufgehende Saat sehen, und man will die Keime aus dem Saatkorn ziehen. Schlimm ist, wenn ich den Platz Gottes in der Gemeinde einnehme."

Diese Bemerkung hat's noch gebraucht. Denn das ist nun eben gerade *kein* Ausdruck von Resignation. Da kann sich einer, dem das Gottesreich ein Herzensanliegen ist, relativieren: Es ist Gottes Sache, an der er arbeitet. Und deshalb wirft er nicht die Flinte ins Korn, das ja nota bene nicht – noch nicht! – vorhanden ist.

Gut ist, wenn wir nicht aus den Augen verlieren: Es geschieht etwas. Das Gottesreich wächst ohne unser Dazutun. Aber dann ist es ebenso wichtig, dass wir uns der Tatsache stellen: Wo etwas geschieht, bleibt nichts beim Alten. Das wachsende Gottesreich verändert nicht nur die Landschaft, in der wir leben; es verändert uns selbst. Fragt sich noch jemand, in welcher Richtung uns das wachsende Gottesreich verändere? In seiner Richtung natürlich.

Und deshalb machen sich die auf die Vollendung wartende Menschen Gottes Themen zu Eigen. Um sie herum hat Friede und Gerechtigkeit die Chance, zu wachsen. Denen, welche sich Gottes Thema zu Eigen machen, wird's beim Warten nicht langweilig. Und sie werden bei der Ernte dabei sein – immer wieder.

Zum Sonntag Okuli

Achab erzählte seiner Frau Isebel alles, was Elija getan hatte und wie er alle ihre Propheten mit dem Schwert getötet hatte. Da sandte Isebel einen Boten an Elija und ließ ihm sagen: Bist du Elija, so bin ich Isebel! Die Götter sollen mir dies und das antun, wenn ich nicht morgen um diese Zeit dir tue, wie du ihnen getan hast! Da fürchtete er sich, machte sich auf und ging fort, sein Leben zu retten. Als er nach Beerseba in Juda kam, ließ er seinen Diener dort; er selber aber ging in die Wüste, eine Tagereise weit, und als er hingekommen, setzte er sich unter einen Ginsterstrauch. Da wünschte er sich den Tod und sprach: Es ist genug! So nimm nun, Herr, mein Leben hin, denn ich kann auch nicht mehr als meine Väter. Dann legte er sich unter dem Ginsterstrauch schlafen. Auf einmal aber berührte ihn ein Engel und sprach zu ihm: Steh auf und iss! Als er sich umschaute, siehe, da fand sich zu seinen Häupten ein geröstetes Brot nebst einem Krug mit Wasser. Da aß er und trank und legte sich wieder schlafen. Und der Engel des Herrn kam zum zweiten Mal, berührte ihn und sprach: Steh auf und iss, sonst ist der Weg für dich zu weit. Da stand er auf, aß und trank und wanderte dann kraft dieser Speise vierzig Tage und vierzig Nächte bis an den Gottesberg Choreb.   *1. Könige 19, 1-8*

Wer war man eben noch?

An die Vorgeschichte erinnern wir uns vielleicht noch aus der Sonntagsschule: Elijas Wirksamkeit als – im wahrsten Sinn des Wortes – feuriger Gottesmann fällt in die Regierungszeit des israelitischen Königs Achab (850-831). Dieser war eine Ehe eingegangen mit einer Fürstentochter eines benachbarten Stadtstaates. Ob es eine Liebesheirat war, wissen wir nicht; aber ein außenpolitisch geschickter Schachzug war es gewiss. Nur hatte die Frau darauf bestanden, Priester ihrer Religion mit in die Ehe zu bringen, und dieser Umstand gefährdete wiederum das religiöse und soziale Gefüge bei den Israeliten. Elija, dem charismatischen religiösen Führer, gelangen einige zum Teil recht blutige Schachzüge gegen die Vertreter der anderen Konfession. Und da sind wir schon mitten in unserem Predigttext.

Elijas Erfolge auf gesellschaftlichem und religiösem Gebiet deckten sich nicht mit der Akzeptanz durch die Regierung. Isebel, Achabs Frau, hasste Elija aus Gründen, die durchaus auf der Hand liegen. Jetzt ging es bei Elija auch nicht mehr einfach um Anerkennung oder Ablehnung; jetzt ging's, so scheint es, um Leben oder Tod! Er flieht. Wir treffen Elija unter einem Gebüsch liegend und sich selbst den Tod wünschend. Allerdings: Um sich diesen Wunsch zu erfüllen, hätte er eigentlich auch bleiben können, wo er gewesen war, denn Isebel wäre in dieser Angelegenheit liebend gerne tätig geworden. Wünschte sich Elija also einen anderen Tod, eine andere Todesart? Die Antwort heißt ganz entschieden: Nein! Er wollte überhaupt noch nicht sterben. In den meisten Fällen, in denen Menschen den Wunsch nach dem Tod äußern, ist nicht der Sterbewunsch das Primäre, sondern der Wunsch nach einem Leben, das anderes aussieht, das sich anders manifestiert als das, was man erlebt. Elija will nicht sterben. Er will ein anderes Leben. Einsatz, Arbeitsaufwand und auch Erfolg stehen in keinem Verhältnis zur erwarteten Akzeptanz und Anerkennung. Eben war man noch jemand. Und das alles soll plötzlich vorbei sein?

Burnout

Was Elija erlebte, hat heute einen Namen. Wir nennen es: Burnout – zu Deutsch: ausgebrannt sein. Ein Tagesanzeiger-Magazin widmete diesem Phänomen sechs Seiten. Und die renommierte Zeitung *Die Zeit* stellte im Hinblick darauf, dass mehr als die Hälfte der Pfarrerinnen und Pfarrer in Deutschland über überfordernde Arbeitsstrukturen klagen, lakonisch fest:

Die Hirten sind müde!

Burnout ist keine Krankheit wie eine Grippe oder eine Blinddarmentzündung. Die Geschichte um Elija macht es deutlich: Aufwand und Ertrag stehen in keinem Verhältnis. Ein Mensch sieht sich plötzlich in die Wüste gestellt. Da ist kein Fixpunkt, an dem man sich orientieren könnte. Da ist keine Erinnerung an Beziehungen, wo man heilendes Vertrauen festmachen könnte. Da ist auch keine Ahnung an Vertrautes, wo hilfreiche Beziehungen zu erhoffen wären. Was man auch tut: die eigene Arbeit und Leistung macht nicht glücklich. Und da ist auch keiner, der einem durch ein anerkennendes Wort zum verloren gegangenen Vertrauen ins Eigene ein Stück Glück vermitteln würde. Plötzliche Entwertung! Das letzte Feld auf der Fahrkarte ist abgestempelt – man kann die Karte x-mal in den Automatenschlitz schieben, man bekommt nichts. Keine Bestätigung!

Elija in der Wüste!

Aus! Öde! Nichts!

Wenn nichts bleibt als der Ginsterbusch

Nichts? Doch. Da ist ein Ginsterstrauch. Nicht gerade viel! Aber dass er hier erwähnt wird und an seiner Stelle nicht irgend ein anderes Beispiel aus der Flora des vorderen Orients, hat schon seinen Grund. Wer einmal versucht hat, einen Ginster auszugraben, wird es bestätigen: Er hat ein enorm tiefes Wurzelwerk; diesem verdankt er das Überleben in Trocken- und Hitzeperioden. Und das nun mag Elija von vielen uns bekannten Burnout-Patientinnen und -Patienten unterscheiden: Auch wenn's ihm schlecht ging, auch wenn ihm durch vermisste Akzeptanz, verweigerte Bestätigung und offene Ablehnung seiner nachweislich überdurchschnittlichen Leistungen der Boden unter den Füssen weggezogen worden war, waren da doch noch ein paar Wurzeln, die tiefer gründeten. Elija fand immerhin in seiner Agenda noch eine Adresse, an die er seinen bodenlosen Frust senden konnte:

Es ist genug! So nimm nun, Herr, mein Leben…

Ob er wirklich sterben wollte – wir sagten es schon – ist anzuzweifeln. Sicher aber wollte er *so* nicht mehr leben. Mit diesem Entscheid wollte er nicht alleine bleiben. Er teilte ihn Gott unmissverständlich mit.

Die Therapie, die ihm angedieh, scheint uns Heutigen denkbar einfach: Anstelle eines Fuders Psychopharmaka – eine Portion Toast und ein Krug mit Wasser. Er ass. Er trank. Und er schlief. Die Einfachheit der Methode besticht. Aber warum auch nicht: Das Einfache und das Notwendige tun – nicht mehr, aber auch nicht weniger, das hätte sicher bei manch einem – vielleicht übertherapierten – Burnout-Manager auch einen therapeutischen Effekt.

Tatsache im Fall Elija aber ist, dass das Heilende von außerhalb des Betroffenen kam – nicht aus ihm selbst. Das müssten die allseits Überforderten von heute sich wieder einmal sagen lassen: Wir haben nicht nur die Wahl zwischen mit allerlei Boni abgegoltenen Höchstleistungen einerseits und dem Fall ins Burnout andererseits. Heilung kommt in der Regel aus heilenden und heilvollen Beziehungen. Elija gleicht darin dem Ginsterbusch. Er wurzelt in einer Beziehung, die nicht erst aufgebaut wird im Zusammenhang mit seinem Ausfall. Und als es ihm dann wieder besser ging, hieß es nochmals:

Steh auf und iss und trink und wandere.

68

Heilung liegt in der Akzeptanz des Andersartigen, des nicht Geahnten

Wir wollen uns an dieser Stelle nicht auch noch Gedanken machen über die therapeutische Wirksamkeit von Nordic Walking. Aber darüber wollen wir nachdenken: Wenn wir an einem Ort krank wurden, wenn an einem Ort unser Leben verletzt wurde, dann ist es an der Zeit, sich nach anderen Orten umzusehen. Das ist übrigens ein Ratschlag, den ich auch einer Pfarrperson, die am Missverhältnis von aufgewendetem Einsatz und begleitender Akzeptanz erkrankte, so gäbe.

Von Elija wissen wir, dass er vierzig Tage wanderte. Vierzig Tage! Wir hätten's gerne etwas schneller. Aber die Zahl vierzig hat es in sich. Vierzig Jahre waren die Israeliten auf Wanderschaft, nachdem sie aufgebrochen waren an dem Ort, der sie krank gemacht hatte. Vierzig Jahre, bis sie jenen Ort fanden, der sie beheimatete, der sie werden ließ, was sie sein sollten! Jawohl, es gibt Heilungsprozesse, die jahrelang dauern. Auch sie lohnen sich, wenn an ihrem Ende der Mensch zu sich selbst und zu einer intakten Beziehung zu seinem Gegenüber – im Fall des Elija war das Gott – findet.

Elija, der feurige Gottesmann von einst; Elija, der an der Erfahrung zerbrochen war, dass man nicht in jedem Fall nach der erbrachten Leistung gewürdigt wird; Elija, der Erfolgreiche, dessen Selbstwertgefühl am Missverhältnis von Aufwand und Ertrag abhanden gekommen war; Elija schließlich auch, der die Welt und damit auch Gott nicht mehr verstand, musste zu einer neuen Gottesdefinition kommen, damit er auch wieder zu sich selbst finden konnte. Wie das geschah, lesen wir in den Versen 9-13a. In der Übersetzung von Martin Buber lauten sie so:

Er sprach:
Heraus, steh hin auf den Berg vor Mein Antlitz!
Da vorüberfahrend Er:
ein Sturmbraus, groß und heftig,
Berge spellend, Felsen malmend,
her vor seinem Antlitz:
Er im Sturm nicht –
Und nach dem Sturm ein Beben:
Er im Beben nicht –
und nach dem Beben ein Feuer:
Er im Feuer nicht –
aber nach dem Feuer
eine Stimme verschwebenden Schweigens.

Elija war in Sachen Gottesbegegnung kein Anfänger.
Was hatte er dank der ihm gewissen Nähe Gottes
schon alles geleistet: Feuer hatte er vom Himmel
regnen lassen, zweimal auf Soldaten, die ihn hätten
festnehmen sollen, ein andermal, in einem Gebets-
wettstreit mit den Priestern der anderen Feldpost-
nummer, auf diese Vertreter der anderen Religions-
gemeinschaft. Elija hatte mit seinem Gott schon einiges erlebt, und er hatte ihm auch einiges an erschüt-
ternden Ereignissen und umwerfenden Offenbarun-
gen abverlangt. Und jetzt, nach dieser beschriebenen
Durststrecke, wäre, ganz im Sinne Elijas, wieder etwas Außerordentliches, etwas die Naturgesetze
Durchbrechendes, ein richtig zünftiges Wunder eben,
fällig gewesen.
Verborgen in einer Felsnische erwartete er die Got-
tesbestätigung, die so lange ausgeblieben war. Er
erwartete nichts weniger als seine gewaltige Rehabili-
tation. Er erwartete den kraftvollen, den stürmischen,
den feurigen Gott, dem er in der Vergangenheit die
Treue gehalten hatte. Und dann kam's! Ein Sturm

brach los, einer, der Felsen losriss; das war ganz nach dem Geschmack des Elija. Aber Gott war nicht im Sturm. Dann: Ein Beben erschütterte die Erde. Aber Gott war nicht im Erdbeben. Und schließlich: Eine Feuerwalze zog vorbei. Aber Gott war nicht darin.

So kann's gehen! Wir haben unsere Vorstellungen davon, wie sich Gott in unserem Leben und im Weltgeschehen zu ereignen habe. Wir lasen darüber, hörten Predigten und Zeugnisse und erfuhren es schließlich auch selbst als bestätigende Glaubenserfahrungen. Und eines Tages, in großer Bereitschaft und Offenheit, ihn zu erleben und zu hören, kommt es dann ganz anders als erwartet, anders als geglaubt: Ganz leise, ganz ereignislos, ganz unspektakulär: Gott. Vielmehr ist dazu nicht zu sagen. Aber nachdenklich werden, das dürfen wir schon! Nachdenklich worüber?

Wir reden soviel von Gott! Wir wollen soviel hören von und über Gott. Wir glauben vor allem an das, was wir gehört haben, an das auch, wovon Menschen sagen, Gott habe gesagt... Gott, der Große, der Allmächtige! Gott, der Wunder tut!

Und hier nun: Gott in seinem Schweigen!

Elija kam erst wieder zu sich selbst, als er das Schweigen Gottes als eine Offenbarung begriff. Gegen alle Erfahrung erfuhr er zum ersten Mal: Gott ist auch da in seinem Schweigen. Als Elija das begriff, erst als er das begriff, war er geheilt.

Zum Karfreitag

Und als sie an den Ort kamen, der Schädelstätte genannt wird, kreuzigten sie ihn und die Verbrecher, den einen zur Rechten, den andern zur Linken. Und Jesus sprach: Vater, vergib ihnen! Denn sie wissen nicht, was sie tun. Sie aber teilten seine Kleider unter sich und warfen das Los darüber. Und das Volk stand dabei und sah zu. Und auch die vornehmen Leute spotteten: Andere hat er gerettet, er rette jetzt sich selbst, wenn er doch der Gesalbte Gottes ist, der Auserwählte. Und auch die Soldaten machten sich lustig über ihn; sie traten vor ihn hin, reichten ihm Essig und sagten: Wenn du der König der Juden bist, dann rette dich selbst! Es war auch eine Inschrift über ihm angebracht: Dies ist der König der Juden. Einer aber von den Verbrechern, die am Kreuz hingen, verhöhnte ihn und sagte: Bist du nicht der Gesalbte? Rette dich und uns! Da fuhr ihn der andere an und hielt ihm entgegen: Fürchtest du Gott nicht einmal jetzt, da du vom gleichen Urteil betroffen bist? Wir allerdings sind es zu Recht, denn wir empfangen, was unsere Taten verdienen; dieser aber hat nichts Unrechtes getan. Und er sagte: Jesus, denk an mich, wenn du in dein Reich kommst. Und er sagte zu ihm: Amen, ich sage dir: Heute noch wirst du mit mir im Paradies sein. Und es war um die sechste Stunde, und es kam eine Finsternis über das ganze Land bis zur neunten Stunde, und die Sonne verfinsterte sich; und der Vorhang im Tempel riss mitten entzwei. Und Jesus rief mit lauter Stimme: Vater, in deine Hände lege ich meinen Geist. Mit diesen Worten verschied er. Als aber der Hauptmann sah, was da geschah, pries er Gott und sagte: Dieser Mensch war tatsächlich ein Gerechter! Und alle, die sich zu diesem Schauspiel zusammengefunden und gesehen hatten, was da geschah, schlugen sich an die Brust und gingen nach Hause. Alle aber, die ihn kannten, standen in einiger Entfernung, auch die Frauen, die ihm aus Galiläa gefolgt waren, und sahen alles. Lukas 23, 33–49

Einladung zum Hinsehen

Die Szene ist bekannt. Und wie vieles, was bekannt ist, nutzt es sich mit der Zeit ab. Es gibt so etwas wie eine Inflation der Betroffenheit. Es gibt Bilder, die wir zwar ansehen, aber dabei nichts mehr wahrnehmen – im Wortsinn: nicht mehr für wahr nehmen. Geübt im selektiven Umgang mit der Informationsfülle, fällt vieles durch die Maschen.

Der lukanische Passionsbericht lädt ein zum Hinsehen. Was sehen wir? Dies und das! Aber was den

Blick immer wieder fesselt, ist diese unheilige Drei-einigkeit: Jesus und die zwei andern! Gott zieht die Inhalte seiner Botschaft bis zum letzten durch: er lässt Christus – wie Luther das sagt – nie ohne Leute. Ein Christus ohne Verbindung zum Menschlichen um ihn herum entspräche nicht mehr dem in Jesus sichtbar gewordenen Gotteswillen. In diesen Kontext hinein gehören auch die Worte, welche Jesus zu den Menschen um ihn herum sagt: Ein Wort, das die Tür zur Hoffnung öffnet – mitten in der tiefsten Verlassenheit eines Menschen: *Heute noch wirst du mit mir im Paradies sein.* Und ein Wort welches uns heute angesichts unserer Weltlage besonders betroffen machen muss, und das eben nicht heißt *Vater, gib's ihnen!* In einer Situation, wo alles Verständnis für einander abgerissen scheint und die Sprachlosigkeit mit der Sprache der Gewalt überwunden wird, sagt einer, der überzeugt ist davon, dass es kein Ende gibt ohne Weg, der weiterführt: *Vater, vergib ihnen.*

Mitgenommen

Und alle, die zu diesem Schauspiel zusammengefunden und gesehen hatten, was da geschah, schlugen sich an die Brust und gingen nach Hause.

Irgendetwas an diesem „Schauspiel" muss denen, die hingegangen waren um zuzusehen, in die Knochen gefahren sein – bevor sie wieder in ihrer Alltäglichkeit verschwanden. Es gibt etliche Stellen im lukanischen Bericht, bei denen wir uns hineingenommen fühlen in die Zuschauermenge. Diese Stelle fordert heraus: Hingehen und hinsehen – und nach Hause gehen. Das Abstoßende zieht an. Über diese Faszination des Schreckens fängt uns Lukas ein und stellt uns mitten unter die Zuschauer.

Als ob wir diese Szene nötig hätten! Wir haben ja diese anderen: Fernseher oder Radio einschalten und sich von den Korrespondenten im Nahen Osten, in Afrika oder je nach Ereignissen und Vorfällen auch aus der unmittelbaren Nachbarschaft betroffen machen lassen – und abschalten. Oder umschalten zu *Verstehen Sie Spaß?* oder *Musikantenstadel* oder – wer etwas mehr aushält – zum *Tatort* oder sonst einem Krimi.

Wie viel halten wir aus? Wie viel Betroffenheit bringen wir auf? Die Bilder aus dem Gazastreifen, von Kriegsschauplätzen, aus den Trümmerhaufen in Erdbebengebieten, aus Afrikas Hungerregionen nehmen uns so sehr mit, dass wir's schon nicht mehr aushalten.

Eben: Das nimmt uns mit!

Mitgenommene möchte auch die Passionsgeschichte aus uns machen. Wir sollen uns vom Sterben Jesu mitnehmen lassen. Zunächst sollen wir mitgenommen werden von dem, was am Kreuz geschieht. Und wir sollen hören und sehen, wie die Menschlichkeit des sterbenden Gottes uns dann wieder mitnehmen will in unseren Alltag.

Ganz nah dabei ist auch daneben

So stehen wir vor dem Kreuz. Und so stehen wir mitten in unserem unseligen Weltgeschehen. Wir stehen also nicht vor dem Kreuz in weltabgewandter Meditation. Die Geschichte nimmt uns mit – die eigen und diejenige von Jesus. Wir stehen vor dem Kreuz, gehören zur erregten Menge, wissen nicht, wohin uns unsere Gefühle schließlich führen werden: In die Trauer? In die Reue? Oder in die schulterzuckende Hinwendung zum Alltäglichen?

Von denen, die nahe dabei waren, die vielleicht mitgeholfen haben, die Urteilssprechung zu beschleunigen, ist die Rede, von denen, die nichts von Jesus hielten, aber doch etwas vom Rummel um seine Person etwas haben wollten. Von denen ist die Rede, welche wohl oder übel – aber ohne Betroffenheit – am Geschehen in der Welt beteiligt sind, schnell mit einer Beurteilung oder auch einer Verurteilung bei der Hand sind, und sich ihre Meinung von handtellergroßen Lettern oder blitzgeschwinden Fernsehspots machen lassen. Von denen ist die Rede, die überall dabei sind, über alles ein bisschen Bescheid wissen – aber nirgendwo Verantwortung übernehmen – und schon gar keine Haftung!

Auch von den anderen ist die Rede: *Alle aber, die ihn kannten, standen in einiger Entfernung... und sahen alles.*

Es sind nicht immer die am stärksten betroffen, welche am lautesten schreien. Und die, welche angesichts der Ereignisse verstummen, sind nicht immer jene, welche nichts zu sagen hätten.

Diejenigen, welche ferne standen, haben wohl begriffen: Hier stirbt einer ganz unten. Das geschieht nicht aus Scheinsolidarität; wäre das die Motivation für den Tod am Kreuz – er hätte nicht stattgefunden. Sie haben begriffen: Hier wäre jedes Wort der Teilnahme, jedes Geste des Mitgefühls Heuchelei, ein ungedeckter Check. Die es begriffen haben, verstehen die Zusammenhänge: Der, welchen sie hier leiden sehen, macht die Zusammenhänge deutlich zwischen Schuld und Strafe. Wehe uns, wenn über uns kommt, was wir verdient haben!

Und so, wie die Menge nachher nach Hause ging, im Bewusstsein, an einem Ereignis teilgenommen zu haben, mit dem sie eigentlich nichts zu tun hätten, so standen andere im Einflussbereich des Kreuzes und empfanden ein Solidarität mit der Schuld der Welt. Davon allerdings wissen wir auch zu reden: wie es ist, an der Schuld beteiligt zu sein, ohne etwas gegen sie ausrichten oder sie verhindern zu können!

Die Schuld der Welt und ihre Konsequenzen

Die Konsequenz aller Schuld ist der Tod. Wir erleben es wieder und wieder. Am Ende der Schuld steht die Rücknahme des Schöpfungslichts; es wird dunkel. Am Ende der Schuld steht die Rücknahme des Schöpfungsatems; es muss gestorben werden.

Nur – da hat sich etwas ereignet, welches das Ende der Schuld anders, ganz und gar nicht nach den Prinzipien menschlicher Erfahrungen, darstellt: Der Vorhang im Tempel zerreißt! Das, was die Menschen von Gottes Gegenwart trennt, verschwindet. Der Tod ist nicht mehr das Ende, die Konsequenz der Schuld. Er ist Durchgang zu einem anderen Leben, das seine Kraft aus der unmittelbaren Nähe Gottes bezieht. Die Schuld ist besiegt – nicht durch den Tod der Schuldigen. Und der Tod wird besiegt – nicht durch das Verhindern von Schuld.

So werden die zum Kreuz Gekommenen in doppelter Hinsicht in eine heilvolle Spannung gestellt: Ihr Leben wird befreit von der Last, die Konsequenzen aller Menschenschuld selber tragen und den Tod als die Quittung für ein verfehltes Leben erleiden zu müssen. Trotzdem bleibt die Schuld in der Welt. Trotzdem bleibt der Tod eine ernstzunehmende Tatsache. Aber der Vorhang, gewoben aus den grauen Fäden der Schuld und der Endgültigkeit des Todes, dieser Vorhang ist zerrissen. Dahinter leuchtet Zukunft auf, lichtvoll und heil.

Gott verstehen heißt: das Leben verstehen

Die, welche fern des Schauspiels standen, standen näher am Ereignis der Wahrheit. Und einer der zwar auch nahe stand, den aber das Ganze eigentlich nichts anging, ein Offizier der Besatzungsarmee, trat aus seiner unverbindlichen Distanz heraus und suchte nach Zusammenhängen zwischen sich und der konsequenten Sprache, welche Gott durch Jesus redete. Und einem, dessen Lebensende ganz unter dem Aspekt der Konsequenz vorsätzlicher Schuld stand, eben dem mit Jesus gleichzeitig Hingerichteten, öffnete sich der dunkle, alles verhüllende Vorhang, weil er die Sprache Gottes in Jesus verstanden hatte.

Es gibt, wie wir sehen, verschiedene Stellen, von denen aus das Kreuzesgeschehen betrachtet werden kann. Wir hätten eine gute Stelle gewählt, wenn wir nicht schulterzuckend nach Hause gingen, als ginge uns Schuld und Tod in dieser Welt nicht an.

Wir haben zu tun damit – Gott sei's geklagt!

Aber wir haben auch zu tun damit, was Gott aufgewendet hat, damit wir unseren Weg gehen können unbelastet von Schuld und Tod.

Auch damit haben wir zu tun – Gott sei Dank!

Zum Ostermorgen

Ostermorgen

Ich fragte:
Wer wird mir
den Stein wegwälzen
von dem Grab
meiner Hoffnung
den Stein
von meinem Herzen
diesen schweren Stein?
Mir ist ein Stein
vom Herzen genommen:
Meine Hoffnung
die ich begrub
ist auferstanden
wie er gesagt hat.
Er lebt, er lebt
er geht mir voraus!

Lothar Zenetti

Die Gemeinde singt das Lied 481, 1-3 aus dem Gesangbuch der reformierten oder 227 aus dem Gesangbuch der evangelisch-methodistischen Kirche.

1. Seht, der Stein ist weggerückt, / nicht mehr, wo er war. / Nichts ist mehr am alten Platz, / nichts ist, wo es war. / Halleluja!

2. Seht, das Grab ist nicht mehr Grab, / tot ist nicht mehr tot, / Ende ist nicht Ende mehr, / nichts ist, wie es war. / Halleluja!

3. Seht, der Herr erstand vom Tod, / such ihn nicht mehr hier, / geht mit ihm in alle Welt, / er geht euch voraus. / Halleluja! *Liedtext von Lothar Zenetti*

Zweimal Lothar Zenetti. Zweimal: Der Stein ist weggerückt. Zweimal österlicher Klartext. Kein Beitrag
zum Streit, ob das Grab leer war oder nicht! Kein
Versuch, Ostern als historisches Ereignis deuten zu
wollen. Dafür sehr deutlich: Ostern hat damit zu tun,
dass verbarrikadierte Wege passierbar werden. Ostern
hat mit Öffnung, mit Hoffnung zu tun.

Osterglaube

Die Frage, welche sich stellt, ist: Wird österlicher
Klartext verstanden? Was heißt das: *Seht, der Stein ist
weggerückt?* Wer versteht das noch: *Seht, das Grab ist
nicht mehr Grab?*

Dass diese Sprache – obwohl österlicher Klartext –
nicht mehr ohne weiteres verstanden wird, hat mit
dem zu tun, was man von Ostern gemeinhin erwartet,
woran man glaubt, wenn man *Ostern* hört. Achtet
man auf die Verkehrsmeldungen, müsste man davon
ausgehen, dass die größte aller Glaubensgemeinschaf-
ten an den Ostertagen auf der Gotthardautobahn
zusammenströme. Alle die dort versammelten *glauben*,
dieses Jahr gehe es vielleicht ohne Stau. Und alle
glauben, auf der Alpensüdseite sei es schöner. Achtet
man auf die Botschaft all derer, die in dieser Zeit
etwas verkaufen möchten, müsste Ostern etwas zu
tun haben mit Eier legenden Hasen. Christliche Feste, so scheint es, lassen sich nur noch über Symbole
erklären: Das Ei und der Hase als Fruchtbarkeits-
symbole. Oder im Dezember der Tannenbaum und
die aufgestellte Puppenstube davor als Zeichen für
familiäre Harmonie und Gemütlichkeit in warmen
Stuben an kalten Wintertagen. In einem Handbuch
zur Gottesdienstgestaltung las ich als Tipp für den
Ostergottesdienst, man könnte auch einmal eine Os-
terkrippe aufbauen, gewissermaßen das Osterereignis

mit Püppchen nachstellen, wie an Weihnachten eben. Den Gipfel theologischer Geschmacklosigkeiten hinsichtlich Ostern erhielt ich allerdings aus der Werkstatt eines Evangelisationswerkes. Auf dem Handzettel eine miserabel fotografierte Tasse Kaffee und darauf geklebt ein Pulverkaffee-Tütchen, Überschrift: *Auferweckung*... Entweder, so dachte ich mir, verstehen die nichts von Kaffee (was denkbar wäre, denn als Absender stand eine Adresse in Deutschland), oder – und das wäre allerdings fatal –: Die verstehen nichts von Auferstehung.

Hase – Ei – Kaffee: Die vielen Bilder, die bemüht werden, um zu erklären, was Ostern ist, zeigen an, dass es nicht ganz einfach zu begreifen ist, was es mit Auferstehung oder Auferweckung auf sich hat. Deshalb begibt man sich auf einen Weg, der vom Abstrakten zum Konkreten führen soll. Aber das Konkrete ist im Bild eben oft das Falsche, denn Bilder hinken von Berufs wegen.

Man kann's auch anders versuchen, nämlich so, dass man sich in der frühlingshaften Natur umblickt. Was sieht man da? Die Pflanzen sprießen! Der Schmetterling, zuvor unansehnliche Raupe, kriecht als prachtvoller Flatterich aus dem sargartigen Kokon!

1963 sagte der Theologe Wilhelm Stählin in seiner Osterpredigt:

Es liegt auf der Linie der Falschmünzerei, wenn man die großen Worte so umdeutet, dass sie nicht mehr das meinen, was sie eigentlich bedeuten.

Wir merken: So ein österlicher Bilderkatalog hat etwas Fragwürdiges: Hase – Eier – Kaffee – sprießende Pflanzen – Schmetterling aus dem Kokon: alles Bilder, meist unzureichend, schöne Bilder allenfalls, aber noch nicht das Osterereignis.

Ostern ohne Bilder – geht das?

Wir versuchen subtil, den Weg zurück zu schreiten, weg von den Bildern auf die wir gestoßen wurden oder zu denen wir gelangt sind, weil wir vom Abstrakten zum Konkreten vordringen wollten. Wir gehen also zurück und kommen an bei dem Begriff, den wir eigentlich in Bilder fassen wollten: *Auferstehung* oder *Auferweckung*. Gar nicht so einfach, hier ohne Bilder auszukommen! Kurz gesagt: Die Sache mit der Auferstehung entzieht sich den Versuchen menschlicher Deutung und Erklärungen, weil es sich nicht um eine Menschensache handelt. Hier geht es um eine Gottessache. Da geht's nicht um eine an sich wunderbare Verwandlung von der grauen Raupe zum bunten Schmetterling. Da geht's nicht um eine Blume, die aus überwinterter Knolle sprießt. Und schon gar nicht geht es um etwas, das geschlummert oder geschlafen hätte und das man nun – allenfalls mit einem Pulverkaffee – munter machen müsste.

Ostern, das wirklich Neue!

Es geht um nichts weniger als um eine neue Schöpfung. Gott schafft etwas Neues. Er weckt nicht Eingeschlafenes auf. Denn die im Neuen Testament bezeugte Auferstehung liegt nicht in der Veranlagung, in der Natur; der Mensch ist keine Tulpenzwiebel. Auferstehung kommt von außen her ins Leben – um nicht zu sagen: in den Tod. Wenn's etwas gibt, was nach dem Sterben kommt, dann kommt es aus der Wirklichkeit Gottes.

Erinnern wir uns, wie das Osterereignis begann? Frauen waren unterwegs zum Grab. Ihre Sorge war: Wer rückt uns den Stein weg. Und dann?

Seht, der Stein ist weggerückt…!

Niemand stellte hinterher die Frage: Wer war's denn? Wer hat sich denn hier fürs Grobe engagiert? Als sie ankamen, war alles anders – anders als erwartet, anders als gehofft, anders als geglaubt.

Wenn Gott etwas Neues schafft, braucht er dazu keine aus Ruinen geborgenen Bausteine. Wenn Gott etwas Neues schafft, dann reichen Bilder nicht aus, um das Neue zu erklären.

Der, welcher das Neue schafft, hat – ganz nebenbei – auch den Stein weggeschafft. Aber man beachte die Reihenfolge: Nicht zuerst der alltägliche Kleinkram muss weg, damit Ostern wird. Nicht zuerst die schweren, belastenden Steine müssen weg, damit sich Glaube ereignen kann. Zunächst ist Ostern. Gott schafft das Neue. Das relativiert alles andere.

Nichts ist mehr am alten Platz, nichts ist, wo es war. Halleluja!

Zu Jubilate

Lobpreis oder Auseinandersetzung mit dem Leid der Welt?

Wäre ich 40 Jahre jünger, hätte ich diesen Sonntag, der den schönen Namen *Jubilate* trägt, möglicherweise mit einem Lobpreisteil begonnen. Einige meiner Kolleginnen und Kollegen tun dies mit ihren Gemeinden gewiss – und die meisten von ihnen sogar, ohne sich über den Namen, welcher dieser Sonntag innerhalb des Kirchenjahres trägt, Rechenschaft abzulegen.

Dass ich nicht einfach zu unbeschwertem oder gar überschwänglichem Gotteslob einlade, hängt nicht nur mit meinem Alter und mit meiner Vorstellung von Gottesdienstgestaltung und Liturgie zusammen. Es hat auch zu tun mit Erfahrungen, die ich mit Menschen machte und immer noch mache, denen die Frage nach dem Sinn ihres belasteten Daseins näher liegt als ein euphorisches Gotteslob. Auch wenn der Name des heutigen Sonntags, *Jubilate*, in eine andere Richtung zu weisen scheint, spüren wir doch zumindest beim Lesen eines Textes, welche für diesen Sonntag als Predigtgrundlage vorgeschlagen wird, dass das Leben immer auch mit Leiderfahrung und mit Auseinandersetzung mit dem Unerklärlichen zu tun haben.

Nur eine Weile, und ihr seht mich nicht mehr, und wiederum eine Weile, und ihr werdet mich sehen. Da sagten einige seiner Jünger zueinander: Was meint er, wenn er sagt: Nur eine Weile, und ihr seht mich nicht, und wiederum eine Weile, und ihr werdet mich sehen? Und: Ich gehe zum Vater? Sie sagten also: Was meint er, wenn er sagt: Nur eine Weile? Wir wissen nicht, wovon er redet. Jesus merkte, dass sie ihn fragen wollten, und sagte zu ihnen: Darüber zerbrecht ihr euch den Kopf, dass ich gesagt habe: Nur eine Weile, und ihr seht mich nicht, und wiederum eine Weile, und ihr werdet mich sehen? Amen, amen, ich sage euch: Ihr werdet weinen und klagen, die Welt aber wird sich freuen. Ihr werdet traurig sein, aber eure Trauer wird sich in Freude verwandeln. Wenn eine Frau niederkommt, ist sie traurig, weil ihre Stunde gekommen ist. Wenn sie das Kind aber geboren hat, denkt sie nicht mehr an die Bedrängnis vor Freude, dass ein Mensch zur Welt gekommen ist. So seid auch ihr jetzt traurig; aber ich werde euch wieder sehen, und euer Herz wird sich freuen, und die Freude, die ihr dann habt, nimmt euch niemand.   Johannes 16, 16-22

Es geht hier nicht um die Auseinandersetzung mit der Frage, ob das Leben schön oder ob das Dasein mehrheitlich vom Leid bestimmt sei. Aber zumindest soviel hören wir heraus: Es geht um Abschied. Es geht um eine Veränderung von etwas, was das Dasein bisher in einer ganz bestimmten Weise günstig beeinflusste, stärkte, belebte. Wir wissen es: Abschiede sind nicht beliebt, namentlich nicht Abschiede, welche eine bisherige scheinbare Sicherheit infrage stellen und nichts Konkretes für das zu Verabschiedende angeboten wird. Abschiede sind immer ein Zeichen des allgegenwärtigen Leides in unserem Dasein und damit auch eine – meist unausgesprochene – Frage nach Gott und seinem Wirken.

Gott verabschiedet sich

Wer verabschiedet sich hier? Jesus geht! Effektiv geht es in diesem Text nicht in erster Linie um den individuellen Schmerz beim Abschied von einem geliebten Weggefährten. In dem um etwa 100 herum verfassten Johannesevangelium werden bereits die leidvollen Auseinandersetzungen der Gemeinde deutlich, jene Auseinandersetzungen, in denen immer häufiger die Frage auftauchte: Wo bleibt denn Gott in der ganzen Geschichte? Wo bleibt denn die rettende Hand Jesu, auf den wir vertrauen, in der immer stärker spürbaren Bedrohung der Gemeinde in der Welt? Wir stehen vor einer Urerfahrung der Gemeinde – aber auch vor einer Erfahrung, welche einzelne Menschen immer wieder die Frage stellen lässt: Wo bleibt den Gott in der ganzen Geschichte?

Wo bleibt Gott, wenn täglich Tausende von Kindern Hungers sterben, teils wegen des Unvermögens der Menschen, teils wegen der Gleichgültigkeit der Habenden, aber auch vorsätzlich getötet durch jene schmierigen Geschäftemacher und Spekulanten, die mit dem Argument, der Markt regle alles, sich mit dem Hunger in der Welt eine goldene Nase verdienen? Wo ist Gott in der Todesangst derer, die unter den Trümmern ihrer von einem Erdbeben zerstörten Häusern vergeblich auf Rettung warten? Und wo ist er, wenn einzelne Menschen mit schwer erträglichen Diagnosen auf ein Mal ihr Leben nach anderen Vorgaben definieren müssen?

Zwischenzeit!

Ein scheinbar naheliegender Schluss klingt im Text an, wird zum Trost der bedrängten Christenheit über Jahrhunderte hinweg, wird auch pervertiert und dient dann den Herren der geknechteten, missbrauchten, und ausgebeuteten Menschen als flinker Trost: *Für alles hier stumm und widerstandslos erduldete Unrecht warten himmlische Freuden auf euch!* Diese Deutung lassen wir nicht zu. Sie ist und war Instrument des Unrechts und lässt den Menschen mit seiner Frage nach dem Warum, nach den Erklärungen für all das unverständliche Leid wiederum allein.

Etwas anderes, Hilfreicheres beherbergen diese Jesusworte, welche uns auf unser Dasein in einer Zwischenzeit hinweisen. Sie sagen aus, dass Leiden nicht einfach das Resultat für Fehlverhalten, für sündiges und falsch ausgerichtetes Leben sei. Und sie sagen aus, dass ein in ruhigen Bahnen verlaufendes Leben ohne größere schmerzliche Einbrüche nicht einfach als Segen Gottes – gewissermaßen als Honorar für einen einwandfreien Leumund – interpretiert werden dürfe. Leiden gehört zum Leben. Punktum. Darum geht's im Text: Der Mensch, der leidet, soll in diesem als Zwischenzeit definierten Raum nicht einfach bei der nicht zu beantwortenden Frage *Warum?* stehen bleiben. Er soll anerkennen, dass jeder Menschen in jedem Fall plötzlich und unverhofft und ohne ersichtliche Gründe zu einem Teilhaber am Leiden der Welt werden kann – sei es durch äußere Einwirkungen, sei es durch eine Krankheit.

Zwischenzeit – erfüllte Zeit

Insgesamt sieben Mal taucht in diesem Abschnitt der Begriff *nur eine Weile…* auf. Wir Heutigen können mit solch ungenauen Zeitangaben kaum mehr umgehen. Präzision, Genauigkeit ist gefragt. Kaum ein Mensch, der Geschäfte macht, wird auf die Frage des Kunden, wann denn geliefert werden könne, so antworten: *In einem Weilchen.*

Wie wäre es, wenn wir für diese sieben Mal erwähnte Weile einen anderen Begriff suchten? Zum Beispiel: *Zu erfüllende Zeit?* Oder sogar: *Erfüllte Zeit?* Ob das statthaft ist? Ob wir damit nicht die Aussage des Textes entstellen?

Die verunsicherte Gemeinde, welche zur Zeit der Entstehung des Johannesevangeliums lebte, war beseelt von der Hoffnung auf eine baldige Wiederkunft ihres Herrn. Diese Naherwartung ließ sie in einem ganz anderen Verhältnis zu den zahlreichen Bedrohungen ihrer Umwelt stehen. Die Aussicht auf baldige Beantwortung all ihrer *Warum* schaffte ihnen Raum zur Entwicklung eines sinnerfüllten, zielorientierten Lebens – trotz allem. Sinnerfüllt und zielorientiert hieß für sie vor allem: Treue gegenüber den

Prinzipien, den Hoffnungen, den Visionen ihres Herrn; diese Haltung nennt das Johannesevangelium *Leben aus dem Geist des Herrn.*

Was hindert uns eigentlich, ebenso sehr wie die Menschen damals nach Inhalten, nach Sinn, nach Zielen zu fragen? Was hindert uns, unsere Zeit ebenso zur erfüllten Zeit zu machen, wie es die Menschen damals taten? Ist es so wichtig, ob die Zeit kurz oder lang ist? Ist die Zeitdauer wichtig für die Erfüllung der Zeit mit Inhalten und Sinn? Erfüllte Zeit wäre demnach jene Zeit, in der es uns gelingt, trotz aller Widerstände, trotz all den unverständlichen Erfahrungen, trotz unendlich vieler Ungereimtheiten des Lebens immer wieder diese Spur zu finden, welche uns auf jenen Weg führt, auf dem die guten, lebensbejahenden Absichten Gottes den Alltag zu prägen beginnen.

Zeitenwende

Erfüllte Zeit wäre auch dann, wenn wir erkennen, dass sich mitten im Leid und im Schmerz etwas verändert, dass nicht alles beim Alten bleibt. Da passt nun dieses Bild einer Geburt wunderbar in die Zusammenhänge. Wir wissen, wie die Freude über einem neuen Leben die Schmerzen und die Beschwernisse des Geburtsvorganges überlagert. Keine Frage: die Geburtsschmerzen werden nicht einfach als Kleinigkeit abgetan; sie sind da und begleiten die Mutter – kurze Zeit oder längere Zeit. Aber das Ereignis des Werdens von neuem Leben relativiert das, was sonst nur unter großer Mühe ertragen werden könnte. So kann in jedem nicht beantwortbaren Leid bereits etwas Neues innewohnen, etwas, was auf bevorstehende Veränderungen hinweist und an dem sich alles Vergangene messen lassen muss.

Das musste die johanneische Gemeinde lernen: Im Laufe der Zeit bestätigte sich, dass aus dem erhofften *Weilchen* eine längere, eine lange Zeit wurde. Damit wurde nicht nur Glaube und Beständigkeit der Gemeinde auf die Probe gestellt; es galt auch, sich mit einem veränderten Christusglauben auseinanderzusetzen. Ein liebgewordenes Jesusbild trug und stützte den Glauben nicht wie ehedem.

Diese Ankündigung *aber ich werde euch wiedersehen...* könnte ja auch bedeuten, dass sich Jesus immer wieder neu ereignet, dass sich seine Gemeinde, wenn sie sich auf ihn beruft, nicht nur an den Erinnerungen, an den gemachten Erfahrungen orientieren kann, wenn sie sich zu ihm bekennt. Es könnte ja bedeuten, dass liebgewordene Gottesbilder, welche uns jahrelang begleiteten, abgelöst werden – abgelöst unter Umständen gerade durch schmerzhafte Erfahrungen im eigenen Leben. Dann wäre das Beispiel von der Geburt nicht nur ein Bild, welches sich an bekannten Vorgängen orientiert. Es wäre dann so etwas wie ein Hinweis auf uns, die wir – vielleicht durch schmerzvolle und leidvolle Vorgänge – immer wieder hineingeworfen werden in neue, noch nicht bekannte Lebenssituationen, in denen uns gemachte Erfahrungen – und wären es solche, die mit Gott gemacht wurden – nicht mehr helfen. Dem Leid entgehen wir nicht. Soviel steht fest. Aber ebenso wenig können wir aus der Verheißung herausgeraten, welche sagt, *...ich werde euch wiedersehen...*. Wie sich das Leben bis dahin entwickelt, wissen wir nicht. Aber es ist jene Zwischenzeit, die Gott genau so gehört, wie alles Vorher und Danach.

Der dritte Sonntag nach Ostern heißt *Jubilate*. Gott setzte ein Zeichen des Lebens mitten in der von Abschied, von Trennung, von Leid, vom Tod bestimmten Zeit und Welt. Unser Auftrag kann sich niemals nur darin erschöpfen, mit Liedern und Gebeten in unseren Gottesdiensten Gott zu lobpreisen. Es geht – auch für uns – darum, in einer von Leid betroffenen und von allerlei Schmerzen und Nöten bestimmten Welt und Zeit Zeichen der Freude, der Hoffnung, der Heiterkeit zu setzen. Der belgische Chansonier Jacques Brel (er verstarb 1978 in seinem 50. Lebensjahr an Krebs) sang es so:

Wissend, dass der Fluss gefroren ist
und doch der Frühling kommt,
sehend, dass verbrannt die Erde ist
und dennoch singend säen.

Zu Pfingsten

Als nun die Zeit erfüllt und der Tag des Pfingstfestes gekommen war, waren sie alle beisammen an einem Ort. Da entstand auf einmal vom Himmel her ein Brausen, wie wenn ein heftiger Sturm daherfährt, und erfüllte das ganze Haus, in dem sie saßen; und es erschienen ihnen Zungen wie von Feuer, die sich zerteilten, und auf jeden von ihnen ließ eine sich nieder. Und sie wurden alle erfüllt von heiligem Geist und begannen, in fremden Sprachen zu reden, wie der Geist es ihnen eingab. In Jerusalem aber wohnten Juden, fromme Männer aus allen Völkern unter dem Himmel. Als nun jenes Tosen entstand, strömte die Menge zusammen, und sie waren verstört, denn jeder hörte sie in seiner Sprache reden. Sie waren fassungslos und sagten völlig verwundert: Sind das nicht alles Galiläer, die da reden? Wie kommt es, dass jeder von uns sie in seiner Muttersprache hört? Parther und Meder und Elamiter, Bewohner von Mesopotamien, von Juda und Kappadokien, von Pontus und der Provinz Asia, von Phrygien und Pamphylien, von Ägypten und dem kyrenischen Libyen, und in der Stadt weilende Römer, Juden und Proselyten, Kreter und Araber – wir alle hören sie in unserer Sprache von den großen Taten Gottes reden. Sie waren fassungslos, und einer fragte den andern: Was soll das bedeuten? Andere aber spotteten und sagten: Sie sind voll süßen Weins. Petrus aber trat vor, zusammen mit den elfen, erhob seine Stimme und sprach:
Ihr Juden und all ihr Bewohner Jerusalems, dies sei euch kundgetan, vernehmt meine Worte! Diese Männer sind nicht betrunken, wie ihr meint; es ist doch erst die dritte Stunde des Tages. Nein, hier geschieht, was durch den Propheten Joel gesagt worden ist: Und es wird geschehen in den letzten Tagen, spricht Gott, da werde ich von meinem Geist ausgießen über alles Fleisch, und eure Söhne und Töchter werden weissagen, und eure jungen Männer werden Gesichte sehen, und eure Alten werden Träume träumen. Und auch über meine Knechte und meine Mägde werde ich in jenen Tagen von meinem Geist ausgießen, und sie werden weissagen.   *Acta 2, 1-18*

Das Dilemma des Predigers

Ich lese den Text, lese ihn ein-, zwei-, dreimal. Fragen tauchen auf, die mit scheinbaren Unebenheiten im Erzählablauf zu tun haben: Sind die Jünger in einem Privathaus versammelt? Das lässt zumindest der Anfang der Geschichte vermuten. Oder sind sie – was aus dem weiteren Verlauf des Berichtes zu schließen wäre – im Tempel? Aber ich lasse mich

nicht aufhalten: die Bewegung der Ereignisse ist stärker als mein Bedürfnis nach Logik. Der Schreiber möchte etwas Großes vermitteln. Worte reichen nicht aus. Er muss Zuflucht nehmen zu Bildern, zu Vergleichen *...wie wenn ein heftiger Sturm daherfährt...* und *...es erschienen ihnen Zungen wie von Feuer...*
Von etwas Großem also soll berichtet werden. Aber was ist dieses Große? Wer nicht versteht – wie ich zunächst auch nicht verstehe – greift gerne zu flinken Antworten, welche schließlich doch nichts erklären: *Die haben zuviel Wein getrunken!*
Zu denen, welche mit vorschnellen Beurteilungen alles abtun, wollen wir nicht gehören. Aber haben wir eine bessere Erklärung? Wie gesagt: Wir ahnen das Große. Wir wissen, dass das hier Geschilderte nichts mit unseren Erfahrungen zu tun hat; wir können also kaum vergleichen. Und doch blicken wir sehnsüchtig auf diese Bilder, mit denen etwas dargestellt wird, von dem wir bisweilen fürchten, wir hätten es verloren – verloren, obwohl wir es nie besaßen.
Ich lese den Text, lese ihn ein-, zwei-, dreimal und komme zum Schluss: Das, was wir gerne als den Beginn der Kirchengeschichte bezeichnen, verläuft nicht nach einem einleuchtenden Grundmuster, nachdem an der Kirche über alle Zeiten hinweg weitergestrickt werden könnte.

Zwischen Tradition und Neuanfang

Aber etwas anderes höre ich heraus. Traditionsgemäß versammelt sich die Gemeinde sieben Wochen nach dem Pessach zum Erntefest. Für die Männer und Frauen, welche in der Unsicherheit der Jesusnachfolge stehen, gibt es keinen Grund, dieses Fest nicht auch zu begehen. Manchmal, wenn Unsicherheit, Verluste, Zweifel das Leben überschatten, sind wir

Menschen froh um Rituale und Traditionen; sie geben uns Struktur, wenn wir selbst zu keinen Aufbrüchen in der Lage sind; sie ordnen unsere Tage wenigstens äußerlich, wenn in uns die Ratlosigkeit oder gar das Chaos, die Verzweiflung herrscht.

Das Erlebnis, welches aus dem Traditionsanlass einen Neuaufbruch werden ließ, wird so beschrieben, dass ein Feuer die Gemeinde ergriffen habe. Maler und Buchillustratoren vergangener Epochen sind in diesem Zusammenhang eher zweifelhafte Kommentatoren. Auf Bildern, welche sie vom Pfingstereignis zeichneten, stellten sie Frauen und Männer mit einem Flämmchen auf dem Kopf dar. Aber das Flämmchen war nicht das Ereignis, welches die Berichterstattung zwingend nötig machte. Auch nicht, dass einzelne der Betroffenen besondere Begabungen erhalten hätten, ist das Umwerfende; ähnliches lesen wir auch im Alten Testament. Das Ereignis ist, dass alle von etwas Gemeinsamem ergriffen werden. Da züngelt nicht bloß auf dem Kopf einzelner Frommer ein einsames Flämmchen – gleichsam als das Licht der Erkenntnis, welches die Erleuchteten nun allen ihren Geschwistern hätten aufstecken mögen; die Solistenrolle einzelner Gläubiger kann Hindernis sein für die prophetische Sendung der Gemeinde. Im Text lese ich es so: Alle haben gleichermaßen Teil an dem, was Gott gibt. Wesentlich dabei ist, dass die jeweiligen Ausrüstungen für die einzelnen ihre Bedeutung erhalten durch die Gemeinschaft, in der sie sich befinden. Und weiter: Was als Teilnahme an der Tradition begann, findet seine Fortsetzung nun darin, dass die begabte Gemeinde nicht unter sich bleibt, sondern aufbricht aus ihrer Beheimatung und sich der Auseinandersetzung mit der sie umgebenden Welt stellt.

Merkmale des Aufbruchs

Der Anfang aller kirchlichen Existenz wäre demnach die Verteilung der Gaben auf die Gemeinschaft. Nicht allen das Gleiche! Nicht allen gleich viel! Aber nicht so, dass sich aus der Verteilung der Begabungen eine Hierarchie ableiten ließe. Nicht so, dass sich aus den Begabungen Sonderrechte oder hier und dort auch mal ein Sonderstatus rechtfertigen ließe. Was den Einzelnen begabt, erhält erst in der Gemeinschaft seinen Wert und seine Bedeutung.

Aber eigentlich weckt der Pfingstbericht aus der Apostelgeschichte doch vor allem immer wieder unsere Neugier im Hinblick auf die Frage: Haben *wir* denn das Entscheidende? Dürfen wir einen Vergleich mit der Gemeinde damals wagen? Wir fürchten den Vergleich! Heimlich messen wir aus und setzten das, von dem berichtet wird, gegen das, was wir erleben, beziehungsweise nicht erleben. Nun, es wäre besser, nicht die Ereignisse von damals und heute miteinander zu vergleichen, sondern auf die Zusammenhänge zu achten. Damit ist zunächst gesagt: Was wir als einzelne Menschen oft nicht riskieren, ist uns in der begeisterten Gemeinde möglich. Offenheit, Einfälle zur Gestaltung des Lebens, Bereitschaft zur Improvisation ohne die Angst vor dem allzu harten Sturz, der Schritt über die eigenen Möglichkeiten hinaus: in der Gemeinschaft ist mehr möglich, als allein! Allerdings: So gut, wie solche mutigen Bewegungen aus der Gemeinschaft heraus eher möglich sind, so gut kann die Gemeinschaft auch die Angst vor dem Neuen ergreifen – dann nämlich, wenn der Verlust von bisher Geschätztem und Geliebtem droht.

Pfingsten und die Geschichte um Pfingsten herum will uns sagen: Die Gemeinde ist nach wie vor eine bedrohte Gemeinschaft, sei es durch den hämischen

Kommentar der Umgebung, sei es durch die Tatsache, dass ihr Reich nicht von dieser Welt ist. Aber etwas kann nie verloren gehen: die durch Gott selbst gestiftete Zusammengehörigkeit durch das Austeilen seiner Kraft und seiner Gaben an die einzelnen Glieder der Gemeinde. So kann's vielleicht dazu kommen, dass das Fest noch im eigenen Haus begann, in der Sicherheit der eigenen Beheimatung – und plötzlich kann es weitergehen auf ganz anderen Bühnen.

Trotzdem bleibt der Gemeinde das Wesentliche, denn das Wesentliche sind nicht die eigenen vier Wände, die schützenden und geliebten, heimeligen Räume einer Kirche oder Kapelle, sondern die Begabung durch Gott. Und noch etwas bleibt in aller Bedrohung und in allem möglichen Neuaufbruch: Petrus hielt zum Anlass nicht eine der Situation angepasste Rede; er hatte nicht eine zusammenfassende Antwort auf dieses allseits Staunen hervorrufendes Ereignis. Er legte das Wort des Alten Testaments aus.

Wie und wo es mit der Gemeinde auch durchgehen mag: Mit den Begabungen durch Gott und seinem Wort ausgerüstet, sind Neuaufbrüche möglich, ist es möglich, Altes und auch Liebgewordenes wenn nötig loszulassen. Nicht außer Acht lassen wollen wir, dass sich Pfingsten – und hier meine ich dieses erste Pfingsterlebnis der Christenheit – allen menschlichen Bemühungen um Katalogisierung entzieht. Es gibt keine Systematik von Pfingsten. Deshalb kann dieses Ereignis auch nicht nachgespielt werden. Deshalb kann es nicht als Bastelbogen für eine lebendige Gemeinde verkauft werden. Denn dahinter stehen nicht kreative, begeisterungsfähige Menschen; dahinter steht Gott. Aber eben: Menschen lassen sich darauf ein, geben dem Ungewissen, das die Zeichen von

Gottes Wesen trägt, den Vorzug vor dem Berechenbaren. Die Menschen lassen es darauf ankommen, dass nicht alles aufgeht.

Sehnsucht nach dem Fest

Die leise Wehmut bleibt: So wie damals möchten wir's auch haben in unserer Kirche! Und da und dort mag die eine oder andere Gemeinde der Nachbildung des damaligen Ereignisses mit den zur Verfügung stehenden Mitteln den Vorzug geben vor der Auseinandersetzung mit der eigenen Geschichte, der Geschichte der Gemeinde und der Geschichte Gottes mit seiner Kirche. Und gerade dieses Letztgenannte dürfen wir nicht aus den Augen verlieren. Die Apostelgeschichte ist ein kompositorisches Werk, zu dem auch das Lukasevangelium dazugehört. Lukas schrieb für eine angefochtene Gemeinde, der das Warten zur Gefahr wurde. Deshalb können wir seinen Pfingstbericht – es gibt nota bene keinen anderen im Neuen Testament – nicht losgelöst von seinen übrigen Schriften lesen. Oder anders herum gesagt: Wer nicht über die Worte und Taten Jesu gelesen hat, wer nicht über seinen Weg zum Kreuz gelesen hat, soll auch den Pfingstbericht nicht lesen, denn das ist nun wirklich keine Geschichte, die losgelöst von allem anderen verständlich wäre. Die Nähe des Pfingstberichtes zur Passionsgeschichte deutet es an: Dazu, dass Gott dem Menschen Anteil gibt an seinen Möglichkeiten, an seiner Kraft, gehört die Bereitschaft des Menschen, Leiden wahrzunehmen, ernst zu nehmen, Leiden mit anderen zu teilen.

Wie geht es weiter – nach Pfingsten?

In einer Meditation zu diesem Text schrieb der Leipziger Theologe Ernst Koch 1980:

*Am Ausgangspunkt der Christenheit ist es so, als sei ein
Knoten geplatzt, eine Tür aufgestoßen worden, und die Beteilig-
ten scheinen nicht recht gewusst zu haben, wie ihnen geschah.
Was sie wussten, das war, dass sie nun frei und dankbar
ausrufen würden, dass ihr Retter auch der Retter der Welt ist
und dass sie von einer Freiheit wüssten, die auch viele andere
frei machen könnte. Und so ist diese Nachricht auch zu uns
gekommen.*

*Wie wird es nun bei uns weitergehen? Vielleicht haben wir
schon eine Idee... Vielleicht haben wir gar keine Idee. Vielleicht müssen wir auch nüchtern mit unseren Kräften rechnen.
Mir ist, während ich diese Geschichte weitererzähle, wichtig,
dass Gott offenbar schon vorgedacht hat, jedenfalls die Schritte
seiner Gemeinde begleitet, ihr die Treue hält auch dann, wenn
es für sie selber so aussieht, als gehe es nicht recht voran.*

Soweit Ernst Koch. Ich höre es so: Der Pfingstbericht möchte nicht, dass wir traurig werden darüber,
dass es bei uns nicht so ist, wie es damals war. Er
möchte bei uns die Freude darüber wecken, dass wir
durch Gott Begeisterte sind. Und solange wir in der
Gemeinde seine Gaben pflegen und mit diesen Gaben in unsere Umgebung hineinwirken, solange ist
Grund zur Freude; denn dann ist Gott mit all dem,
was er geben kann, bei uns.

Zu Trinitatis

Wir aber haben nicht den Geist der Welt empfangen, sondern den Geist, der von Gott kommt, damit wir verstehen, was uns von Gott geschenkt worden ist. Und davon reden wir, nicht mit Worten, wie menschliche Weisheit sie lehrt, sondern mit Worten, wie der Geist sie lehrt, indem wir für Geistliches geistliche Bilder brauchen. Der natürliche Mensch aber erfasst nicht, was aus dem Geist Gottes kommt, denn für ihn ist es Torheit; und er kann es nicht erkennen, weil es nur geistlich zu beurteilen ist. Wer aber aus dem Geist lebt, beurteilt alles, er selbst aber wird von niemandem beurteilt. Denn wer hätte die Gedanken des Herrn erkannt, dass er ihn unterwiese? Wir aber haben die Gedanken Christi.   *1. Korinther 2, 12-16*

Vom Evangelium und von der Welt

Vom Evangelium und vom Weltgeist redet hier ein Abschnitt aus einem Brief. Dieser Brief, den wir den ersten Korintherbrief nennen, ist nicht der erste. Diesem Schreiben vorangegangen ist schon weitere von beiden Seiten geführte Korrespondenz. Im vorliegenden Brief versucht Paulus, Antworten zu geben auf verschiedene Fragen, welche ihm die Korinther Christen gestellt hatten.

Vom Evangelium und vom Weltgeist also redet der Abschnitt. Und da begegnet uns schon die erste Schwierigkeit. Paulus kann davon ausgehen, dass die Adressaten sowohl mit dem einen wie auch mit dem anderen Begriff etwas anfangen können. Aber wir? Übereinstimmung könnten wir allenfalls noch erzielen, wenn wir erklären müssten, was wir unter *Evangelium* verstehen. Aber wie erklären wir *Weltgeist* ohne dabei ins Salbadern zu geraten oder uns auf frommen Allgemeinplätzen zu tummeln?

Wenn ich etwas sagen müsste zum Verhältnis zwischen *Evangelium* und der *Weisheit der Welt* (oder eben: *dem Weltgeist*), ginge ich davon aus, dass der Geist des Evangeliums lebensfrohe, entkrampfte Menschen schafft, der Weltgeist hingegen eher die Verkrampften, die sich selbst Verpflichteten, die Zwanghaften. Ich würde es mit Begriffspaaren, mit Gegenüberstellungen versuchen wie:

- Sein statt Haben,
- Geistige Weite statt materielle Werte,
- Gemeinwohl statt Eigennutz,
- Lebenserfüllung in der Gemeinschaft statt Individualisierung des Glücks,
  oder – wer mich kennt, wird mir diese Gegenüberstellung verzeihen –,
- Leben im Mehrfamilienhaus in der Stadt statt im Einfamilienhäuschen in der allmählich zubetonierten ehemaligen Landwirtschaftszone.

Alles in allem aber bleibt uns die Schwierigkeit, vom Geist zu sprechen, bis auf den heutigen Tag erhalten. Die Korinther Gemeinde glaubte zu wissen, was sie mit dem Begriff *Geist* meinte. Wir können auch davon ausgehen, dass Paulus wusste, was die Korinther meinten, und ziemlich sicher können wir sein in der Annahme, dass er für sich selbst wusste, wovon er sprach. Aus den Texten und der zum Teil sehr dezidierten Art und Weise der Argumentation können wir auch ablesen, dass sich die Meinungen der Korinther und die Meinungen des Paulus nicht immer deckten.
Wenn wir also heute diesen Text lesen, wissen wir im besten Fall, was *wir* meinen, wenn wir *Geist* sagen oder lesen. Aber wir wissen nicht genau, was die etwas exaltierten Christen in Korinth meinten.

Was meinen wir, wenn wir *Geist* sagen?

Wenn wir heute fragen, was *wir* meinen, wenn wir *Geist* sagen, müssen wir uns wieder und wieder an den Texten des Neuen Testaments orientieren. Die Antworten werden zwar vielfältig ausfallen, aber immer werden sie zueinander in einem übereinstimmenden Verhältnis stehen. Anhand der vorliegenden Schriftstelle könnten wir es so formulieren: Geist hat mit Selbstbewusstsein zu tun. Wer aus einem von Gottes Ideen inspirierten Geist lebt, lebt nicht isoliert, ängstlich darauf bedacht, den materiellen, den geistigen und auch den religiösen Besitzstand zu wahren. So ein Mensch kann sich öffnen, kann sich anderen Ansichten und – was noch viel wichtiger ist – anderen Menschen zuwenden. Das waren die Folgen von Pfingsten damals: Nichts blieb verschlossen, nicht die Botschaft von dem sich in Jesus den Menschen zuwendenden Gott, nicht die bis dahin ängstlich zurückhaltende christliche Gemeinschaft, nicht die einzelnen Menschen. Und deshalb blieb auch niemand ausgeschlossen. Das sind die Pfingstfolgen, auch heute noch: Gott öffnet die ängstlich auf das Eigene fixierte Christenheit. Er wendet sie dem anderen, den anderen zu.

Was bleibt?

Das, was im Menschen Jesus sichtbar, hörbar, spürbar, erfahrbar wurde, bleibt weiter bestehen, ist also nicht von der irdischen Präsenz des Jesus von Nazareth abhängig. Was Jesus an Werten deutlich und fest machte, war das glaubwürdige Reden darüber, was Gott mit seiner Schöpfung und den Geschöpfen beabsichtigt. Gott ist für die Christen nicht anders zu erklären als mit dem, was in Jesus deutlich wurde. Überall, wo nun die durch Jesus deutlich gemachten Absichten Gottes in unserer Welt und Gegenwart deutlich werden und nun als Überzeugung und Lebensinhalt von einem Menschen auf den anderen überspringen, ist Gottes Geist.

Evangelium ist, dass Menschen dem Ruf Gottes zur Freiheit, zur Lebensgestaltung gefolgt sind. Pfingsten ist, dass die Freude am Friede, an der Gerechtigkeit und an der Bewahrung der Schöpfung sich ausbreiten. Das ist die Absicht Gottes. Das ist die Botschaft Jesu. Das ist die Wirksamkeit des Geistes.

Und Trinitatis sagt uns: Diese Grundlagen, diese Werte, diese Ausrüstungen bleiben bestehen. Solange sie bestehen und solange sie die Lebensentwürfe der Christen bestimmen, solange wird es Kirche geben.

Zum 2. Sonntag nach Trinitatis

Ein Mensch gab ein großes Essen und lud viele ein. Und zur Stunde des Mahls sandte er seinen Knecht aus, um den Geladenen zu sagen: Kommt, alles ist schon bereit!

Da begannen auf einmal alle, sich zu entschuldigen. Der erste sagte zu ihm: Ich habe einen Acker gekauft und muss unbedingt hingehen, um ihn zu besichtigen. Ich bitte dich, betrachte mich als entschuldigt. Und ein anderer sagte: Ich habe fünf Joch Ochsen gekauft und bin unterwegs, sie zu prüfen. Ich bitte dich, betrachte mich als entschuldigt. Und wieder ein anderer sagte: Ich habe geheiratet und kann deshalb nicht kommen. Und der Knecht kam zurück und berichtete dies seinem Herrn.

Da wurde der Hausherr zornig und sagte zu seinem Knecht: Geh schnell hinaus auf die Straßen und Gassen der Stadt und bringe die Armen und Verkrüppelten und Blinden und Lahmen herein. Und der Knecht sagte: Herr, was du angeordnet hast, ist geschehen, und es ist noch Platz. Und der Herr sagte zum Knecht: Geh hinaus auf die Landstraßen und an die Zäune und dränge sie hereinzukommen, damit mein Haus voll wird. Doch das sage ich euch: Von jenen Leuten, die zuerst eingeladen waren, wird keiner mein Mahl genießen.   *Lukas 14, 16-24*

Ein Blick in die Statistik

Beim Lesen dieser Bildrede musste ich an eine Begegnung mit einem Pfarrer einer landeskirchlichen Gemeinde unserer Stadt denken, der mir erzählte, dass er im vergangenen Jahr an einem Sonntagmorgen ganze sieben Gottesdienstbesucherinnen und -besucher gezählt habe. Dem Kollegen ist der Humor noch nicht ganz vergangen, denn er sagte, dass er eigentlich habe das Lied singen lassen wolle: *Treuer Heiland, wir sind hier…* Nun warte er, bis noch drei Leute weniger als die sieben kämen, und dann lasse er das Lied in leicht abgeänderter Form singen: *Treuer Heiland, wir sind vier…*

Das sind Erfahrungen, wie sie die Kirche heute machen kann. So kann's einem Pfarrer gehen. Und so geht es allem Anschein nach auch dem, von dem das Lukasevangelium erzählt, dass er eine Party veranstalten möchte. Ja, wer veranstaltet denn hier überhaupt ein Fest? Wir ahnen es: Von Jesus erzählte Gleichnisse sind immer Reichs-Gottes-Geschichten. Es wird hier also nachgedacht darüber, wie Gottes neue Welt, wie die nach Gottes guten Absichten gestaltete Welt, aussehen könnte und wie dieses Angebot auf die Menschen wirkt. Das Resultat ist ernüchternd: Sie kommen nicht, die Geladenen! Armer Festveranstalter! Armer Gott!

Gründe, um nicht hinzugehen
Weshalb bleiben die Eingeladenen fern? Gute Gründe werden genannt von denen, die sich abmelden. Es gibt eine Übereinstimmung der Argumente: Das Alltagsgeschäft darf nicht vernachlässigt werden! Die Details überraschen uns mit ihrer Aktualität. Es geht um Grundbesitz, um Fahrzeughandel (5 Joch Ochsen entsprechen etwa einem Offroader), und es geht um einen privaten oder halbprivaten Anlass, nämlich eine Eheschließung.
Fazit: Gottes neue Welt und die von den Menschen entworfene Welt wollen nicht so recht aufeinander passen! Und für alle, die über keinen Grundbesitz und kein eigenes Fahrzeug verfügen und darüber hinaus unverheiratet sind, können wir das Fazit etwas allgemeiner fassen: Menschen, die etwas haben, etwas besitzen, über etwas verfügen, seien dies materielle oder ideelle Besitztümer oder auch Erkenntnisse in religiöser Hinsicht, trennen sich nur sehr ungern davon, auch wenn die Alternative allenfalls verlockend scheint. Lieber, so begründen wir mit dem Sprichwort, lieber den Spatz in der Hand als die Taube auf dem Dach.
Manchmal dauert es ein bisschen, bis wir merken, dass nicht nur die anderen in den Gleichnissen Jesu

vorkommen. Jetzt spätestens sollten wir es gemerkt haben: In dieser Geschichte sind wir mitten drin!

Spannung kommt auf

Also: Die Einladung steht. Die Gründe, nicht teilzunehmen, sind respektabel. Was nun? Was tun, wenn das Fest nicht wie geplant durchgeführt werden kann? Da kommt nun doch ein wenig Spannung auf. Schön wäre, wenn die Geladenen, welche das Angebot verschmähen, wenigstens ein schlechtes Gewissen hätten. Aber nichts dergleichen. Sie tun das ihnen Naheliegende. Sie haben begriffen, worauf es ankommt. Das ist ein Kernstück dieser gar nicht so eigentümlichen Geschichte: Die Gedanken ums Geschäft und die Absichten Gottes für eine Welt nach den Prinzipien von Friede, Gerechtigkeit und Bewahrung der Schöpfung passen schon längst nicht mehr zusammen. Und per saldo müssen wir doch zugeben: Ein Mensch, der sich um seine Konten bemüht, steht in höherem Ansehen als einer, der sich auf Partys vergnügt.

Auf diesen Umstand zielt Jesus. So merken wir denn, wer in der Geschichte, die Jesus erzählt, schlecht wegkommt: Die, die sich um Besitzstandwahrung und Besitzvermehrung bemühen! Aber – so sagt das Evangelium: Zugang zu Gottes Gedanken, Zugang zu Gottes Zuneigung und Fürsorge erfolgt nicht über krampfhaftes Wollen und Tun. Der Zugang zu seiner neuen Welt wird überhaupt nicht durch menschliches Verhalten erreicht. Der Weg zu sinnvollem Leben steht bereits offen. Verbauen kann ihn nur der Mensch. Er kann ihn verbauen oder den Weg nicht gehen wollen. Das gab es schon damals. Den Frommen war diese Art der Gottesbegegnung zu einfach, zu wenig anstrengend. Es fehlte das Komplizierte.

Das Fest findet statt – trotz allem!
Der Gastgeber plant keine Änderung des Programms.
Er bleibt dabei: Es soll ein Fest sein und kein Ta-
lentwettbewerb. Der Anlass soll den Charakter eines
Geschenks haben. Hier soll keine Fleißleistung und
auch nicht die stattlichste Kuh prämiert und schon
gar nicht irgendein Bonus für irgendwelchen diffusen
Erfolg ausbezahlt werden. Das Fest findet statt. Gottes Ideen von einer neuen Welt scheitern nicht an der
Nichtteilnahme jener, die sich für unabkömmlich
halten. Gottes Reich kommt, und es ist eine Welt, in
welcher der Mensch ein gutes Leben haben soll. Gottes neue Welt kommt für den Menschen. Und ab und
zu scheint es, dass es sogar kommt *trotz* des Menschen.
Und dann kommen ja eben doch welche zum Fest!
Das ist unabdingbar nötig, denn ein Fest ohne Menschen, das geht nicht – sowenig wie ein Gottesreich
denkbar wäre ohne Menschen. Die neue Welt Gottes
ist ohne Menschen nicht denkbar Sie ist geplant für
den Menschen und sonst für niemand. Aber nun
kommen die, die es nie erwartet hätten, dass sie Ein-
lass zu so einer Veranstaltung fänden. In der Bildrede
sind es die nicht Kultfähigen, die aufgrund ihrer
Mankos und Makel im Tempel nicht zugelassen sind.
Sie kommen angehumpelt, auf Krückstöcken sich
abstützend, von anderen an der Hand geführt, geschoben, gezogen, verstaubt, verdreckt, verlumpt.
Die Kultfähigen gehen ihren Geschäften nach. Die
nicht Kultfähigen treten an. Schauen wir uns diesen
Aufzug einmal etwas genauer an; er entspricht genau
dem Gegenteil eines Zürcher Sechseläuten-Umzugs:
Ein paar Papierlose; einige, die in unserem Land arbeiten, leben, Geld ausgeben und Steuern zahlen,
aber keine Stimme haben, kurz gesagt: Ausländer;

Asylsuchende; alleinerziehende Mütter und ausgesteuerte und deshalb statistisch nicht mehr erfasste Arbeitslose; und dann sind auch jene von gewissen (oder gewissenlosen?) Politikern verunglimpfte Invalide dabei; auch ein paar derjenigen, die es einfach nie in die obere Etage schafften, die Lilien auf dem Feld sozusagen oder die Spatzen, solche eben, denen weder Aussaat noch Ernte gelingt. Hier treten sie an, diejenigen, die aus religiösen, gesellschaftlichen oder ideellen Gründen in ihrer Gemeinschaft den Rückhalt verloren oder diesen noch gar nie besessen haben. Hier kommen sie daher, die sich enttäuscht von der Kirche abgewandt haben und sich nun – wenn überhaupt – anders orientieren: die Buddhisten, die Muslime, die Freidenker, die Agnostiker, die Desinteressierten und jene die ihrer Sexualität wegen einigen wenigen nicht in ihr frommes Konzept passen – alle, alle kommen sie.

Das Zeichen, welches Jesus mit dem Erzählen dieser Bildrede setze, war für die Frommen seiner Zeit nicht zu übersehen. Das Zeichen lässt sich so deuten: Wenn ihr eure Religion und eure Weltanschauung als so exklusiv betrachtet, dass ihr glaubt, sich anders orientierende Menschen ablehnen zu können, dann lasst es euch gesagt sein: Gott sieht das anders! Auch diese haben einen Platz in Gottes Weltanschauung, in Gottes neuer Weltordnung.

Nun haben wir viel von den Leuten geredet, die sich lieber am eigenen Besitz als am Geschenk Gottes orientieren. Und wir redeten von jenen, die meist links von uns liegen bleiben und die an all unseren Urteilen und Verurteilungen vorbei eine Verheißung zu haben scheinen. Nun werfen wir auch noch einen Blick auf den Erzähler, auf Jesus.

Vom Erzähler und vom Gastgeber

Jesus erzählt von einer Welt, die nach den Schöpfungsabsichten Gottes gestaltet werden soll. Und er schildert den Gastgeber als einen, der sich das Fest nicht von der Borniertheit der frommen Besserwisser kaputtmachen lassen will und deshalb jene holen lässt, die in ihren Löchern, Verschlägen und finsteren Spelunken hocken. Der Gastgeber in dieser Episode wusste, wo zu suchen und wo aufzusuchen war. Ein Gastgeber, der das Leben und die Lebensumstände seiner Gäste kennt, ist ein guter Gastgeber.

Der Erzähler wird gleichsam zum Knecht in der eigenen Erzählung. Und der Gastgeber und der Knecht scheinen am Ende der Geschichte sogar die gleiche Person zu sein.

So war es eben: Jesus redete nicht nur, er machte sich die Absichten Gottes auch zum Maßstab, nach dem er sein Leben gestaltete und definierte. Den Frommen seiner Zeit ging das – je nach Situation und Veranlagung – zu weit oder zu wenig weit. Wie auch immer: Das von Jesus gelebte und gepredigte Angebot eines guten, lebensbejahenden, gnädigen Gottes passte nicht ins Weltbild der sich an der eigenen Leistung emporrankenden Glaubensgemeinschaft. Jesus schloss die Ausgestoßenen und Ausgeschlossenen in die Arme und ins Herz. Diese Bewegung setzte sich fort, als die ersten Christen zur Überzeugung gelangt waren, dieses Prinzip sei nicht nur anzuwenden innerhalb einer Volk- und Glaubensgemeinschaft, sondern sei es wert, in der ganzen Welt Anerkennung zu finden. Und so ist diese Geschichte schließlich auch auf uns gekommen.

Was uns noch zum Verständnis helfen mag: Am Anfang der Geschichte wird erzählt, dass für die Geladenen die Logik des Festes nicht mit der Logik ihres Alltags übereinstimmte. Die, die zum Fest kamen, da sie an der Teilnahme nicht durch ihre Alltagslogik gehindert worden waren, erlebten nun, dass durch ihre Teilnahme am Fest ihrem Alltag, ihrem notvollen Alltag, ein Sinn und eine Bedeutung gegeben worden war.

Wer den Sinn des Festes verstanden hat, wird mit anderen Augen durch den Alltag gehen.

Zum 3. Sonntag nach Trinitatis

Und er sprach: Ein Mann hatte zwei Söhne. Und der jüngere von ihnen sagte zum Vater: Vater, gib mir den Teil des Vermögens, der mir zusteht. Da teilte er alles, was er hatte, unter ihnen. Wenige Tage danach machte der jüngere Sohn alles zu Geld und zog in ein fernes Land. Dort lebte er in Saus und Braus und verschleuderte sein Vermögen. Als er aber alles aufgebracht hatte, kam eine schwere Hungersnot über jenes Land, und er geriet in Not. Da ging er und hängte sich an einen Bürger jenes Landes, der schickte ihn auf seine Felder, die Schweine zu hüten. Und er wäre zufrieden gewesen, sich den Bauch zu füllen mit den Schoten, die die Schweine fraßen, doch niemand gab ihm davon. Da ging er in sich und sagte: Wie viele Tagelöhner meines Vaters haben Brot in Hülle und Fülle, ich aber komme hier vor Hunger um. Ich will mich aufmachen und zu meinem Vater gehen und zu ihm sagen: Vater, ich habe gesündigt gegen den Himmel und vor dir. Ich bin es nicht mehr wert, dein Sohn zu heißen; stelle mich wie einen deiner Tagelöhner. Und er machte sich auf und ging zu seinem Vater.

Er war noch weit weg, da sah ihn sein Vater schon und fühlte Mitleid, und er eilte ihm entgegen, fiel ihm um den Hals und küsste ihn. Der Sohn aber sagte zu ihm: Vater, ich habe gesündigt gegen den Himmel und vor dir. Ich bin es nicht mehr wert, dein Sohn zu heißen. Da sagte der Vater zu seinen Knechten: Schnell, bringt das beste Gewand und zieht es ihm an! Und gebt ihm einen Ring an die Hand und Schuhe an die Füße. Holt das Mastkalb, schlachtet es, und wir wollen essen und fröhlich sein! Denn dieser mein Sohn war tot und ist wieder lebendig geworden, er war verloren und ist gefunden worden. Und sie fingen an zu feiern.

Sein älterer Sohn aber war auf dem Feld. Und als er kam und sich dem Haus näherte, hörte er Musik und Tanz. Und er rief einen von den Knechten herbei und erkundigte sich, was das sei. Der sagte zu ihm: Dein Bruder ist gekommen, und dein Vater hat das Mastkalb geschlachtet, weil er ihn gesund wiederbekommen hat. Da wurde er zornig und wollte nicht hineingehen. Sein Vater aber kam heraus und redete ihm zu. Er aber entgegnete seinem Vater: All die Jahre diene ich dir nun, und nie habe ich ein Gebot von dir übertreten. Doch mir hast du nie einen Ziegenbock gegeben, dass ich mit meinen Freunden hätte feiern können. Aber nun, da dein Sohn heimgekommen ist, der da, der dein Vermögen mit Huren verprasst hat, hast du für ihn das Mastkalb geschlachtet. Er aber sagte zu ihm: Kind, du bist immer bei mir, und alles, was mein ist, ist dein. Feiern muss man jetzt und sich freuen, denn dieser dein Bruder war tot und ist lebendig geworden, war verloren und ist gefunden worden. Lukas 15, 11-32

Die andere Anmarschroute

Diese Geschichte wurde schon unzählige Male erzählt; sie wurde gespielt und gezeichnet, und spätestens seit Rembrandt gehört sie zum Kulturgut der Menschheit. Vor allem auch älteren Menschen gefällt sie, diese Geschichte: es tut gut, wieder einmal davon zu hören, dass die Jüngeren ihre Fehler gegenüber den Autoritäten einsehen und reumütig zurückkehren, die Beheimatung der Freiheit endgültig vorziehend.

Aber auch jüngere Leute hören gerne zu. Die geschilderte oder auch nur am Rand erwähnte Dramatik rührt uns an. Trotzdem: die Gefahr, dass beim Erzählen dieses Gleichnisses die Hörer in die Langeweile abgleiten, ist gegeben. Auch wenn jemand diese Geschichte allenfalls zum ersten Mal hörte, könnten einem die Motive doch bekannt vorkommen: Aus diesem Material ließe sich ohne weiteres eine mehrteilige Familiensaga, eine sogenannte Seifenoper fürs Fernsehen drehen. Am Schluss sind wieder alle vereint unter einem Dach. Und wem dieser Männerhaushalt nicht gefällt, darf sich ruhig noch eine Mutter und zwei oder drei Schwestern dazu vorstellen. Aber damit aus diesem Stoff eine Seifenoper gedreht werden könnte, ist diese Geschichte mit Sicherheit nicht da. Jesus erzählte eine Gottesgeschichte, keine Familiengeschichte, auch wenn dabei an menschlichen Erfahrungen angeknüpft wird. Früher wurde diese Erzählung das *Gleichnis vom verlorenen Sohn* genannt, später fiel den Auslegern auf, dass der zweite Sohn auch der Erwähnung wert sein könnte, und so nennt man die Geschichte nun das *Gleichnis von den zwei Söhnen*. Es lockt mich, einmal nicht zuerst von den Charakterstrukturen zweier Menschen zu reden, in denen wir uns auf die eine oder andere Weise wie-

derentdecken können; ich beginne einmal so, als
hieße diese Geschichte:

Das Gleichnis vom bedauernswerten Vater

Er könnte einem Leid tun, dieser Vater. Erst rückt er
das Erbe des jüngeren Sohnes heraus und ermöglicht
diesem die Emanzipation, die Freiheit von als drü-
ckend empfundenen Strukturen. Der ältere über-
nimmt allem Anschein nach ebenfalls den ihm zuste-
henden Teil und bewirtschaftet den Gutshof.
Da kann man sich schon fragen: Was gehört eigentlich noch dem Vater? Worüber kann er noch verfügen? Armer Vater: er hat sein Eigentum aus den
Händen gegeben, welches nun der eine verjubelt,
während der andere freudlos bewahrt, was ihn erhält
und nährt. Armer Vater! Und weil es eine Beispielsge-
schichte ist und wir wissen, für wen der Vater steht,
sagen wir auch: Armer Gott! Was gehört ihm eigentlich noch? Worüber kann er noch verfügen? Die
Menschen haben sich entweder von ihm emanzipiert
oder bewirtschaften zum Teil freudlos, zum Teil er-
folglos, was er in ihre Hände gegeben hat.
Armer Vater, der sich in seiner Sehnsucht nach seinen Kindern so weit erniedrigt, dass er den in seiner
Suche nach Freiheit verlorenen Sohn in die Arme
schließt. Armer Vater, der seine Würde aufs Spiel
setzt, wenn er den älteren Sohn, der allem Anschein
nach ohne Lust – aber immerhin auch ohne wahr-
nehmbaren Verlust – seine Güter verwaltet, anfleht:
Komm, nimm Teil am Fest, wenn es schon einmal
etwas zum Festen gibt!

Der große Bruder

Was ist das wohl für ein Mensch, dieser große Bruder? Wir wollen nicht in den Text hineinlesen, was

gar nicht dasteht. Aber soviel steht fest: Er sehnt sich nach Freude, nach Festlichkeit, nach Unterbrüchen in seinem Alltag. Offenbar hat er sich das eine oder andere nie gestattet. Was der andere zu viel tat, tat er zuwenig: er versagte sich allerlei Lebensfreude und macht nun den Vater für dieses Manko verantwortlich.

Ich erwähne bei der Betrachtung dieser zwei Söhne den älteren zuerst; er trägt Züge an sich, welche Menschen, die sich um Kirche und Gottesreich bemühen, nicht unbekannt sein dürften. Man kennt einerseits den Krampf, andererseits die trostlose Gewissheit, zwar das Rechte getan zu haben, aber dabei eigentlich nicht zur echten Freude vorgestoßen zu sein. Dann geht es auch – und vor allem – darum: Da macht einer sein eigenes Verhalten, seinen eigenen Lebensentwurf, zum Maßstab, mit dem er andere be- und verurteilt. Er glaubt, dass an dem, was, ein Mensch darstellt, dessen Ertragsbilanz abzulesen sei. Dabei ist ihm die Lebensfreude abhanden gekommen: Er vermag nicht zu unterscheiden zwischen dem, was ein Mensch *scheint* und dem, was er *ist*. Und nun gerät er über der spontanen, sich erniedrigenden Liebe des Vaters ins Zweifeln: Sollte sich am Ende aller krampfhafte Fleiß, all die sich abverlangte Treue, der persönliche Verzicht zugunsten des Einsatzes für die Sache des Vaters für ihn gar nicht gelohnt haben? Da redet ein großer Bruder für alle seine großen Mitgeschwister. Für alle, die wissen, wie man's macht! Für alle, die wissen, weshalb die Welt so schlecht ist, wie sie ist! Für alle Frommen, die darunter leiden, dass ihre Frömmigkeit die Welt nicht verändert hat! Für sie alle steht er da und verweigert Lebensfreude. Er ist der Biedermann, der sich in seiner kleinen Welt selbst eingeschlossen hat und dem seine Biederkeit schließlich nur Verbitterung gebracht hat.

Der kleine Bruder

Da hat sich's der kleine Bruder anders eingerichtet! Der folgte dem Ruf zur Freiheit soweit, dass er schließlich dort, wo sie am größten ist, ins Bodenlose fiel und er nur noch sich selbst hatte. Von allen und allem war er befreit. Dabei erfuhr er den unermesslichen Schrecken, welcher die Menschen befällt, wenn sie merken, dass sie nur noch sich selbst haben. Wer soweit ist, wer keinen Menschen und keinen Ort mehr hat, zu dem er sich hinwenden oder zu dem er umkehren könnte, erlebt das, was wir Ausweglosigkeit nennen. Da tut sich der Mensch dann selber leid.

Das, was eigentlich die Wende in der Geschichte bringt, gibt denn bei genauerem Hinsehen auch zu denken. Das verlorene Leben reut ihn, das wohl. Aber seine Reue bindet ihn wieder an sich selbst und an seine letzte Chance: *Ich will* mich aufmachen...! Was den Menschen rette, das liege eben in der Hand des Menschen; in dieser Erkenntnis gleichen sich die beiden Brüder durchaus. Jeder meint, er sei seines Glückes, beziehungsweise seines Unglückes Schmied. Der Kleine versucht, nochmals anzufangen – zwar nicht ganz dort, wo er gestartet ist, einfach etwas weiter hinten oder weiter unten. Vielleicht gelingt beim zweiten Anlauf, was beim ersten misslang.

Wir, die wir dieses Gleichnisses lesen oder hören, haben keine andere Wahl, diese Geschichte zu deuten, als so:

Der auf sich selbst angewiesene Mensch, der Mensch, welcher sein Menschsein nur deuten kann als Resultat eigener Erfolge oder Misserfolge, wird nie und nimmer froh!

Deshalb: nochmals einen Blick auf den Vater

Der Schlüssel zum Glück liegt außerhalb der menschlichen Kräfte, außerhalb des menschlichen Vermögens, fernab aller Machbarkeit. Um zu entdecken, wo eine Spur zum Glück führt, müssen wir nochmals einen Blick auf den Vater werfen. Eine Kleinigkeit im Text – und doch fällt sie auf: *Vater, ich habe gesündigt gegen den Himmel und vor dir. Ich bin es nicht mehr wert, dein Sohn zu heißen*! Diesen Satz – so beschließt der unglückliche Kleine – wolle er sagen, wenn er dem Vater gegenübertrete. Und haargenau diesen Satz sagt er dann auch, dieses auswendig gelernte Bußsprüchlein. Nur: Der Vater kommt ihm mit seiner Umarmung und seinem Kuss zuvor. Das ist das Schönste an der ganzen Geschichte! Zwar sagt der Heimkehrer sein memoriertes Sprüchlein noch auf. Aber es wäre eigentlich gar nicht mehr nötig. Das Glück erreicht ihn nicht dort, wo er seinen verfehlten Lebensentwurf zugibt, sondern dort, wo er die Liebe des Vaters zulässt.

Das Glück erreicht uns dort, wo wir die Liebe zulassen. Und Liebe ist dort, wo ein Klima herrscht, welches die Menschen den ganzen Schutt ihrer Vergangenheit unbedeutend werden lässt. So stelle ich mir ein echtes Fest vor: wo die am Fest Teilnehmenden nicht aufgrund ihres Leistungsnachweises eingeladen werden, sondern weil der Gastgeber Freude hat an seinen Gästen. So stelle ich mir glückliches Leben vor: der Mensch wird nicht mit seinen eigenen Maßstäben gemessen; der Mensch wird nicht auf das, was er tat oder versäumte behaftet; das Klima wird nicht bestimmt von menschlichem Erfolg oder Misserfolg. Solch ein Klima entsteht nur, wo die Liebe des einen alle Reparaturversuche des andern überflüssig macht.

Hoffen wir für den Kleinen, dass er's begriffen hat und glücklich geworden ist.

Der Große, der Intakte, der, welcher es immer schon hat kommen sehn, der freudlose Fromme steht immer noch draußen. Der Vater ist sich nicht zu gut: er geht zu ihm hin. Auch zu ihm. Er gibt nach. Wer liebt, ist immer der Schwächere.

So redet Jesus von Gott. So erzählt er von Gottes neuer Welt, die in unsere Nähe gekommen ist und die dort erfahrbar wird, wo Liebe die Argumente zum Unglücklichsein durchkreuzt. Gebe es Gott, dass wir keine anderen Geschichten mehr erzählen wollten, als solche!

Zum 7. Sonntag nach Trinitatis

Am fünfzehnten Tag des zweiten Monats nach ihrem Auszug aus Ägypten brach die Gemeinschaft der Israeliten von Elim auf und gelangte in die Wüste Sin. Da murrte die ganze Gemeinde der Israeliten gegen Mose und Aaron in der Wüste. Und die Israeliten sprachen zu ihnen: Wären wir doch durch die Hand des Herrn im Land Ägypten gestorben, als wir an den Fleischtöpfen saßen, als wir uns satt essen konnten an Brot. Ihr aber habt uns in diese Wüste herausgeführt, um diese ganze Gemeinde den Hungertod sterben zu lassen.

Und der HERR redete zu Mose und sprach: Ich habe das Murren der Israeliten gehört. Sprich zu ihnen: ... am Morgen werdet ihr satt werden von Brot, und ihr werdet erkennen, dass ich der HERR bin, euer Gott. Und ... am Morgen ... lag Tau rings um das Lager. Und als der Taunebel aufgestiegen war, sieh, da lag auf dem Boden der Wüste etwas Feines, Körniges, fein wie der Reif auf der Erde. Und die Israeliten sahen es und sprachen zueinander: Was ist das? Denn sie wussten nicht, was es war.

Da sprach Mose zu ihnen: Das ist das Brot, das der HERR euch zu essen gegeben hat. Das ist es, was der Herr geboten hat: Sammelt davon so viel, wie jeder zum Essen braucht. Ein Gomer je Kopf sollt ihr nehmen, nach der Anzahl der Personen, ein jeder für die, die zu seinem Zelt gehören.

Und so machten es die Israeliten: Sie sammelten ein, der eine viel, der andere wenig. Als sie es aber mit dem Gomer maßen, hatte der, der viel gesammelt hatte, keinen Überschuss, und der, der wenig gesammelt hatte, keinen Mangel. Jeder hatte so viel gesammelt, wie er zum Essen brauchte. Einige aber hoben davon bis zum Morgen auf, aber es wurde voller Würmer und stank. Das Haus Israel aber nannte es Manna. Und es war weiß wie Koriandersamen und hatte einen Geschmack wie Honigkuchen   *aus Exodus 16*

Gott ist es, der die Richtung bestimmt

Dieser Abschnitt ist Teil eines großen Erzählkomplexes. Eingeleitet wird dieser so: *Als nun der Pharao das Volk ziehen ließ....* Das ist der Beginn des biblischen Berichts über die Nomadenzeit der aus Ägypten wegziehenden semitischen Stämme. Und der zweite Halbsatz lautet: *...führte sie Gott <u>nicht</u> den Weg nach dem Philisterland* (Ex. 13, 17). In der Tat: es hätte einen direkteren Weg von Ägypten nach Kanaan gegeben, einen, auf dem man nicht hätte vierzig Jahr unterwegs zu sein brauchen. Es steht an der entsprechenden Stelle auch, weshalb Gott eine andere Route vorschlug. Aber davon will ich nur soviel sagen, dass dies so etwas wie eine Überschrift über das ganze Geschehen sein könnte: *Grundsätzlich ist Gott es, der die Richtung bestimmt!*

Was Gott für die Menschen vorsieht, zielt immer in Richtung Freiheit. Freiheit kann schlecht erklärt werden als etwas, das ist oder das war. Freiheit ist immer etwas, das wird. Für die Wüstennomaden bedeutete das, die Abhängigkeit gegen eine weitgehende Eigenverantwortung einzutauschen. Es hat etwas mit Erwachsenwerden zu tun, was mitunter eine schmerzhafte Erfahrung sein kann. Während der Wüstenwanderung bedeutete das konkret: Die aus der Abhängigkeit Befreiten mussten lernen, umzugehen mit Bedrohungen, mit Wasser- und Nahrungsmangel. Deshalb ist einer der Schauplätze, auf denen sich die Ereignisse abspielen, die Wüste.

Schauplatz Wüste

Erwachsenwerden, auf dem Weg auf die Freiheit zu gehen – das ist kein Sonntagsspaziergang; das ist Wüstenwanderung. Die Wüste bietet sich dem Menschen nicht an. In der Wüste muss er sich bewähren, muss Überlebensstrategien entwickeln, muss für andere, Schwächere da sein und ist darauf angewiesen, in der Erfahrung eigener Schwäche die Hilfe anderer anzunehmen. Die Wüste ist der Ort, an dem man nicht bleibt, nicht bleiben will, nicht bleiben kann. Deshalb ist die Wüste auch der Ort der Sehnsucht nach anderen, besseren Bedingungen für die Lebensgestaltung. Die Wüste ist der Ort der Hoffnung.

Hier erkennt der Mensch, dass er nicht nur aus eigener Kraft überleben kann, sondern angewiesen ist auf Zuwendungen aus einer anderen Wirklichkeit. Deshalb wird die Wüste für die aus der Versklavung Geflohenen auch zu einem besonderen Ort der Begegnung mit einer großen, nicht zu berechnenden und nicht einzuplanenden Kraft. In dem sie auf die Freiheit zugehen, begegnen sie jener Macht, die sie Jahwe nennen werden. Sie werden Gott begegnen.

Die Wüste wird zum Schauplatz der Geschichte derer, die den Aufbruch wagten. Hier würden sie die Tora, das Gesetzt erhalten. Hier würden sie aber auch um das goldene Kalb tanzen, würden murren und aufbegehren, würden von Gott erprobt und würden ihrerseits Gott erproben.

Menschen, die unterwegs sind in unwirtlichen, lebensbedrohenden Lebensabschnitten, werden oft sehr aufmerksam für die Zuwendungen Gottes.

Verklärte Erinnerungen halten gefangen

Aber eben: Sie würden murren und aufbegehren. Murren und aufbegehren ist das Merkmal der noch nicht Freien. Wer murrt zeigt damit an, dass sie oder er nicht in der Lage oder nicht Willens ist, etwas zu verändern. Eher denn sehnt man sich zurück und verklärt im Nachhinein eine zurückliegende Zeit, die so gut auch wieder nicht war, verwechselt vielleicht sogar das kleine Spielfeld der Versklavung mit verlorener Heimat. Murrend und aufbegehrend entzieht sich der Mensch jener Eigenverantwortung, die zu übernehmen er verpflichtet ist, wenn er denn Freiheit *will*. Wer keine Freiheit will, muss auch nicht aufbrechen. Wer behagliche oder unbehagliche Sicherheit der Freiheit vorzieht, sollte nicht aufbrechen. Wem die Fleischtöpfe wichtiger sind als das Neue, Unbekannte, sollte bleiben wo er oder sie ist.

Die Versklavten brachen auf. Aus Unfreien, aus Knechten und Mägden wurde das Volk Israel. Es zog aus in Richtung Freiheit. Auf diesem Weg ist es noch immer, und mit ihm ziehen mittlerweile Tausende und Abertausende – immer auf dem Weg in die Freiheit, immer noch nicht endgültig angekommen, immer noch angewiesen aufeinander und auf die Zuwendungen Gottes, immer auch wieder mit goldenen Kälbern sich selbst feiernd und den eigenen Fleiß und Erfolg mit Segen Gottes verwechselnd. Und vor allem auch: Immer wieder murrend und aufbegehrend, mit der Gegenwart unzufrieden, die Vergangenheit verklärend, sich nach Führung sehnend, wo Eigenverantwortung gefragt wäre und gefährlich aktiv werdend, wo es gälte, auf die Zuwendungen Gottes zu warten.

So sind wir!

Schauplatz Oase

Allerdings: Es gibt auch die Oase! Der erste Vers des gelesenen Abschnittes erinnert an die behaglichen Anteile des Unterwegsseins: Elim. Elim war die erste Oase auf der Wüstenwanderung, erste Rast nach der Rettung vor den Ägyptern. Es soll dort zwölf Quellen gegeben haben – für jeden Stamm eine. Siebzig Palmen sollen Schatten gespendet haben – eine für jeden der Ältesten der Wandernden. Auch in diesem kleinen Paradies blieben sie nicht. Der fünfzehnte Tag des zweiten Monats war der Tag, an dem das aus Ägypten mitgebrachte Brot aufgegessen war. Die Kraft, die aus der Erinnerung gezogen wird, hatte sich erschöpft.

In den Oasen bleibt man nicht. In den Oasen rastet man, stärkt sich, baut sich auf – und geht weiter.

Für die, welche die Freiheit wollen, gibt es keine Bleibe. Es gibt für sie nur immer wieder Aufbruch und Unterwegssein. Und das bedeutet: Erfahrungen machen mit lebensnotwendiger Solidarität einerseits – und Erfahrungen machen mit der Abhängigkeit von Gottes Zuwendung andererseits.

Mit Gott unterwegs – die Verantwortung wird uns nicht abgenommen

Und da treffen wir sie wieder an, die Wandernden, die, die durchs Leben gehen und sich mit allerlei Bedrohungen auseinanderzusetzen haben. Da stoßen wir wieder auf sie, auf die mit dem eigenen Leben Unzufriedenen, die – bevor sie sich eigene Strategien zur Veränderung der Umstände zurechtlegen – irgendwelche anderen einer diffusen Schuld bezichtigen: *Ihr habt uns in diese Wüste geführt....* Einen Schuldigen für die eigene Misere zu finden ist schon beinahe die halbe Miete! Zum Erwachsenwerden gehört dazu, dass der Mensch zunehmend die Verantwortung für sein Handeln übernehmen muss. Erwachsenwerden heißt, Verantwortung für sich übernehmen. Verantwortung für sich – und für die Solidargemeinschaft – übernehmen heiß, Schritte auf dem Weg zur Freiheit zu machen.

Eine in Russland erzählte Geschichte berichtet von zwei Fuhrleuten, die mit ihren Fuhrwerken bei garstigem Regenwetter im Schlamm stecken blieben. Der eine der beiden fing an schaufeln, zu schieben und zu ziehen; und er fluchte auch kräftig dabei. Der andere verlegte sich aufs stille Beten und Warten auf Gottes Eingreifen durch einen Engel. Und der Engel kam! Und half dem, der sich fluchend abmühte. Betroffen machte der grobe Fuhrmann den Engel darauf aufmerksam, dass er wohl beim Falschen mit seiner Hilfe angesetzt habe. Und der Engel gab sinngemäß zur Antwort, Gott helfe dem, der seine Kraft für die Veränderung einer unbefriedigenden Situation einsetze.

Vielleicht keine Geschichte für die Sonntagsschule! Aber eine, die ein Bild dafür abgibt, was Menschen erwarten können, wenn sie sich auf die Wüstenwanderung des Lebens einlassen.

Das Schönste an der Geschichte

Das Schönste an der Geschichte ist nun aber doch, dass den Wandernden Brot *geschenkt* wurde. Es gibt allerhand Erklärungen, was dieses *Man hu* (hebräisch; bedeutet: *was ist dies?*) gewesen sein könnte. Mich interessiert keine dieser wissenschaftlichen oder pseudowissenschaftlichen Erläuterungen. Mose sagt: *Das ist das Brot, das euch der Herr zu essen gibt.* Davon, was Gott gibt, kann man leben. Man kann's aber nicht auf ein Konto legen und man kann damit auch nicht spekulieren, wie mit Erdöl oder Reis oder Leistungen von billigen Arbeitskräften oder Geld. Was Gott gibt, reicht zum Leben. Oder auch: was es zum Leben braucht, das gibt Gott.

Wer heraus will aus Unfreiheit und Bindungen, wer auch in Oasen nicht bleiben will, sondern den Aufbruch wagt, immer wieder, wird Gott und seinem weiterführenden Wort begegnen – und einmal ankommen in der uns verheißenen Freiheit.

Zum 10. Sonntag nach Trinitatis

Du hast mich überredet HERR, Und ich habe mich überreden lassen; du bist stärker als ich, und du hast gewonnen; den ganzen Tag lang bin ich ein Gespött, jeder macht sich lustig über mich. Denn wenn immer ich rede, schreie ich auf. Gewalttat und Unterdrückung!, rufe ich. Den ganzen Tag lang gereicht mir das Wort des HERRN zu Hohn und Spott. Und wenn ich sage: Ich werde nicht an ihn denken und nicht mehr in seinem Namen sprechen!, dann wird es in meinem Herzen wie brennendes Feuer, eingeschlossen in meinem Gebein. Und ich habe mich abgemüht, es zu ertragen, und ich kann es nicht. Soviel habe ich Gerede gehört: Grauen ringsum! Erstattet Bericht! Lasst uns Bericht erstatten! Alle, mit denen ich Frieden hielt, lauern auf meinen Fall: Vielleicht lässt er sich verleiten, dann wollen wir ihn überwältigen und unsere Rache an ihm nehmen. Der HERR aber ist bei mir, wie ein mächtiger Held, deshalb werden meine Verfolger straucheln, und sie können nicht gewinnen.   *Jeremia 20, 7-11a*

Der Prophet

„Ach Herr (klagt Jeremia...)"; so beginnt der Predigttext in der Übertragung von Jörg Zink. Prophetenwort, das klagt! Der ganze Abschnitt stellt uns einen Propheten vor Augen, der uns atypisch erscheint. Menschen, welche sich auf diese Weise äußern, machen alles in allem einen eher schwachen Eindruck. Und wo ist das prophetische Wort? Das hier Gesagte ist weder eine Strafpredigt noch ein Ruf zur Umkehr; und das, was gemeinhin als prophetisch verstanden wird – nämlich eine überzeugende Schau künftiger Dinge – finden wir hier schon gar nicht. Vergleichen wir mit den alten Schriftpropheten wie Amos oder Micha, dann fehlt uns hier auch die Herausforderung für die Öffentlichkeit: keine Gesellschaftskritik, keine bissigen Randbemerkungen zur Politik, dafür eine Klage, aus welcher sich nach heutiger Beurteilung ein sogenanntes Burnout schließen ließe: Dieser Mann ist am Ende seiner physischen und psychischen Kraft,

weil er sich allem Anschein nach einer Aufgabe zu stellen hatte, die ihn überforderte.

Menschen mit solchem oder ähnlichem Leiden kenne ich auch, nur werden von ihnen keine Texte gelesen, keine Sätze zitiert – vor allem nicht in der Kirche. Meist vollzieht sich ihr Leiden unter Ausschluss der Öffentlichkeit. Aber die Frage stellt sich: Können nur kraftvolle, Veränderung provozierende Reden prophetische Reden sein? Was ist überhaupt das Wesen der prophetischen Rede?

Das Wesen prophetischer Rede

Antworten auf diese Frage liefert nicht nur die Bibel. Als in der ersten Hälfte des 20. Jahrhunderts die rassistischen, fremdenfeindlichen und mythologisch aufgeladenen nationalistischen Ideen begannen, zunächst das Denken und später auch das Handeln vieler Menschen in Europa zu bestimmen, tauchten kritische Gedanken auf, welche sich dieser dummen und wohl gerade deshalb so eingängigen Ideologie entgegenstellten. In den meisten Fällen waren es nicht Menschen aus dem Umfeld der Kirche, welche den Widerstand riskierten. Es war ein Komponist, der Däne Carl Nielsen, der den Nationalismus als eine Krankheit bezeichnete. Und manchmal erschrickt man darüber, wie gut die bereits etwas vergilbte Bücher einer Anna Seghers, eines Kurt Tucholsky oder eines Bertold Brecht im Vergleich zu kirchlichen Publikationen jener Zeit dastehen. Diese drei für andere stellvertretend genannten Menschen mussten aus ihrer Heimat fliehen, weil sie dem, was die Gesellschaft zu denken gebot, etwas entgegengedacht hatten.

Und so hört sich Bertold Brechts Gedicht aus jener Zeit an wie ein Auszug aus einer Prophetenrede:

Verjagt mit gutem Grund

Ja, ich plaudere Geheimnisse aus.
Unter dem Volk stehe ich und erkläre, wie sie betrügen,
und sage voraus, was kommen wird,
denn ich bin in ihre Pläne eingeweiht.
Das Lateinisch ihrer bestochenen Pfaffen
übersetze ich Wort für Wort
in die gewöhnliche Sprache, da erweist es sich als Humbug.
Die Waage ihrer Gerechtigkeit nehme ich herab
und zeige die falschen Gewichte…
Sie haben mich verwarnt und mir weggenommen,
was ich durch meine Arbeit verdiente.
Und als ich mich nicht besserte
haben sie Jagd auf mich gemacht, …

Bertold Brecht gelang das prophetische Wort. Er sprach es bewusst und mit Überzeugung ohne kirchlichen Segen und vor allem, ohne von ihr unterstützt zu werden oder Rückhalt zu bekommen. So gesehen müssten wir sagen: Prophetische Rede ereignet sich außerhalb der Kirche so gut wie innerhalb, denn das Wesen der prophetischen Rede ist immer noch, dass Menschen innehalten und sich an etwas anderem messen lassen als an dem, was sie bisher gedacht und geglaubt haben. Prophetische Botschaften lassen zunächst auch keine Rückschlüsse über den Glauben oder die Frömmigkeit des Propheten zu. Seine Botschaft orientiert sich einerseits an dem, was in der Öffentlichkeit gesagt oder gedacht wird, andererseits aber auch an der erkannten und erfahrenen Wahrheit. Propheten orientieren sich immer an etwas, sind an eine Wahrheit, eine Erkenntnis, eine Offenbarung gebunden. Aber ebenso stehen sie in der Auseinandersetzung mit der jeweiligen Weltzeit, in der sie leben.

Das Leiden des Propheten ist das Leiden der Kirche

Deshalb kann es keine Prophetie ohne Leiden geben. Die Öffentlichkeit erträgt viel; aber die kompromisslose Konfrontation mit der Wahrheit fordert immer die Widerstände jener heraus, die sie zwar hören, sich aber damit nicht auseinandersetzten wollen. Der Prophet leidet also an der Zeit, und er leidet an seiner Bereitschaft, Verantwortung zu übernehmen. So geht es denn in der Klage des Jeremia nicht nur um das Gejammer über irgendein latentes Missbehagen. Es geht darum, dass er mit der Wahrheit konfrontiert wurde, sich diese zum Auftrag machen ließ und nun an der gestellten Aufgabe zu zerbrechen droht. Es geht hier auch nicht um ein privates Leiden, das – wenn es denn auftritt – durchaus ernst zu nehmen wäre; es geht auch nicht um irgend eine individuelle Anfechtung oder eine durch Enttäuschungen oder tragische Erfahrungen verletze Frömmigkeit eines einzelnen Menschen. Vielmehr wird dieser Jeremiatext zum Prüfstein für das Prophetenamt der Kirche. Die Kirche und ihre Verkündigung lernt an diesem Text, dass es Zeiten und Situationen gibt, die schlichtweg nicht zu ändern und deshalb auch nicht zu heilen sind. Anstatt sich einem anderen Thema zuzuwenden, anstatt so zu tun, als sei die Welt zwar schlecht, aber zum Glück habe man ja in der Gemeinschaft der Mitchristen eine noch einigermaßen heile Welt, anstatt nach bewährter kirchlicher Manier ein Problem oder eine Herausforderung einfach auszusitzen, eine Kommission oder einen Strategierat zu bilden, stünde es der mit dem Prophetenamt betrauten Kirche gut an, wenigstens zu klagen, wenn denn schon nichts bewegt oder verändert werden kann. Sie, welche ihren Auftrag durch die Christusnachfolge hat, muss das Leiden ernst nehmen, so wie ihr Herr das Leiden ernst genommen und sich ihm gestellt hat.

Die Kirche – das sind wir

Wer aber ist diese Kirche? Wir kennen die Antwort. Die Kirche: das sind wir. Wir akzeptieren keine geheimnisvolle Obrigkeit, welche irgendwo hinter verschlossenen Türen über muffige Folianten gebeugt allgemeingültige Regeln darüber verabschiedet, wie wir uns dieser Weltzeit gegenüber zu verhalten hätten. Zwar gibt es noch einige fossile Kirchenmänner (es sind wirklich fast ausschließlich Männer!), die am Glauben an diese Methode festhalten; aber ihre Ratschläge sind zu nichts nütze oder kommen in der Regel um Jahre zu spät. Also: Die Kirche – das sind wir. Manchmal leiden wir daran, dass uns keiner und keine die Verantwortung abnimmt. Manchmal wären wir lieber wie die Kinder, welche mit aller Naivität für sich beanspruchen können, aus Unwissenheit keine Verantwortung übernehmen zu müssen. Christen sind Menschen, die ihre Verantwortung für die Welt, für die Öffentlichkeit, für die Schöpfung, für die Mitmenschen wahrnehmen. Und jetzt kommt's: Christen sind Menschen, welche eben an dieser Verantwortung leiden und manchmal fast zugrunde gehen. Christen sind Menschen, deren Rat heute oft *nicht* gefragt, deren Teilnahme häufig abgelehnt wird. Daran leidet die Kirche; daran leiden wir, die wir die Kirche ausmachen.

Was sollen wir tun? Halten wir uns zunächst an Jeremia: Er jammert nicht, er klagt! Er fasst seine Frustration in Worte; das heißt doch nichts anderes als: er verschafft sich Klarheit über seinen Zustand. Er lässt es nicht bei der undefinierbaren Unzufriedenheit bewenden. Er gibt auch nicht anderen die Schuld.

Und vor allem greift er nicht zur hinlänglich abge-
wetzten Methode, welche daran zu erkennen ist, dass
Unbehagen delegiert wird mit den Worten *man müsste
halt.*... Jeremia hat erkannt: Hinter einer Ethik, hinter
einer dezidierten Meinung zu Fragen der Öffentlichkeit, der Politik, hinter einer Frömmigkeit, welche
verlangt, einen ganz bestimmten Weg zu gehen, steht
nicht einfach das Resultat menschlicher Überlegun-
gen. Hinter all dem steht Gott. Also doch abgedeckte
Verantwortung? Jawohl! Der Auftraggeber wird an
seine Verantwortung gemahnt. Deshalb macht Jeremia nicht seine Umgebung, seine Gemeinde mit seinem latenten Missbehagen verrückt. Er wendet sich
direkt an Gott und misst alles erfahrbare Leid an ihm
aus. Das gibt dann insgesamt ein interessantes Er-
gebnis:

Es gibt keine Gerechtigkeit

*Grauen ringsum! Erstattet Bericht! Lasst uns Bericht erstat-
ten! Alle, mit denen ich Frieden hielt, lauern auf meinen Fall:
Vielleicht lässt er sich verleiten, dann wollen wir ihn überwältigen und unsere Rache an ihm nehmen. Der HERR aber ist
bei mir, wie ein mächtiger Held, deshalb werden meine Verfolger straucheln, und sie können nicht gewinnen.*

Das sind nun Verse, die gar nichts, aber auch rein gar
nichts in Minne auflösen. Einer erschreckenden Erfahrung wird hier Ausdruck verliehen: Es gibt nicht
für jede Krankheit eine Heilung; es gibt nicht für jede
Kränkung einen Trost; es gibt nicht für jeden Misse-
täter eine Strafe; es gibt nicht für jede Ungerechtigkeit
ein ausgleichendes Gegengewicht; es gibt nicht für
jedes Leiden ein Heil. Wir leben alles in allem in einer
gestörten Welt; und wir täten besser daran, nicht so
zu tun, als wäre dem nicht so; und wir täten besser

daran, uns nicht irgendwelche Nischen zu schaffen –
und wäre es die Kirche –, in denen wir uns vor den
Schrecken der Wirklichkeit in schön gemalten Kulissen verstecken können.

Aber etwas anderes könnten wir tun als Kirche. Wir
können uns immer wieder der Tatsache bewusst machen, dass Gott ein teilnehmender Gott ist. Wir können uns gegenseitig immer wieder seine Nähe zusprechen, denn so sicher, wie wir die Herausforderungen
der Zeit wahrnehmen und annehmen, so sicher ist
uns auch Gottes Teilnahme daran. Das ist das Mindeste und das ist das Wichtigste, was ich an Jesus
Christus verstanden habe. Wem die Leiden der Welt
nicht gleichgültig sind, hat immerhin nicht aufgegeben zu warten.

Wartende sind wir alle, wartend darauf, herausgeführt
zu werden in alle Freiheit. Was uns herausführen
wird, wird die gleiche Wahrheit sein, welche auch den
Auftrag gab, an dem wir so oft leiden. Diese Wahrheit wird das letzte Wort behalten. Denn eine Wahrheit, die nicht befreit, ist keine Wahrheit. Diese Botschaft vom teilnehmenden Gott aber ist die Wahrheit, die frei macht.

Zum 12. Sonntag nach Trinitatis

Petrus und Johannes nun gingen hinauf in den Tempel zur Zeit des Gebets; es war um die neunte Stunde. Und es wurde ein Mann herbeigetragen, der von Geburt an gelähmt war; den setzte man täglich vor das Tempeltor, welches „das Schöne" genannt wird, damit er die Tempelbesucher um Almosen bitten konnte.

Als er nun Petrus und Johannes sah, wie sie in den Tempel gehen wollten, bat er sie um ein Almosen. Petrus aber sah ihm in die Augen und mit Johannes zusammen sagte er: Schau uns an! Er sah sie an in der Erwartung, etwas von ihnen zu erhalten. Petrus aber sagte: Silber und Gold besitze ich nicht; was ich aber habe, das gebe ich dir: Im Namen Jesu Christi, des Nazareners, steh auf und zeig, dass du gehen kannst! Und er ergriff ihn bei der rechten Hand und richtete ihn auf; und auf der Stelle wurden seine Füße und Knöchel fest, und er sprang auf, stellte sich auf die Füße und konnte gehen; und er ging mit ihnen in den Tempel hinein, lief hin und her, sprang in die Höhe und lobte Gott. Und das ganze Volk sah ihn umhergehen und Gott loben. Sie erkannten aber in ihm den, der sonst beim Schönen Tor des Tempels saß und um Almosen bat; und sie waren erschrocken und entsetzt über das, was ihm widerfahren war. Acta 3, 1-10

Eine Wundergeschichte wird erzählt! So ein Wunder hätten wir auch gerne ab und zu.

Hätten wir auch eine Antwort auf die Frage, weshalb wir uns ein Wunder wünschen? Etwa darum, damit das Leben etwas angenehmer würde? Oder weil wir erwarten, unser Glaube würde dann tiefer und stärker?

Der missgestaltete Mann am schönen Tor hatte auch eine Erwartung: Ihm schien es, von den beiden Gottesdienstbesuchern wäre ein Geldbetrag zu erhoffen. Er rechnete nicht mit einem Wunder; ihm hätte eine Verbesserung seiner momentanen finanziellen Lage auch genügt. Er wusste, was er vom Leben zu erwarten hatte und was nicht. Und gerade seine Haltung macht es uns nicht eben leicht, mit der Wundergeschichte umzugehen.

Was sollen wir davon halten?

Umgang mit Wundergeschichten

Der Reformator Calvin war ein frommer Mann, der die Texte der Bibel hoch achtete. Wohl aus der Erfahrung heraus, dass er nie Zeuge eines Wunders geworden war, verbannte er die Wundergeschichten in die Geschichte, als er sagte, Christus habe Zeichen und Wunder für eine Zeitlang geschehen lassen wollen, um die Predigt des Evangeliums für alle Ewigkeit wunderbar zu machen.

Damals also, meinte Calvin, hätte es Wunder gegeben, weil es sie gebraucht habe. Jetzt sei diese Zeit vorbei. Und es brauche auch keine Wunder mehr, weil das Evangelium für alle Welt erreichbar und vernehmbar sei.

Andere würden dem widersprechen. In einer Mischung von tiefer Frömmigkeit und einem Machbarkeitswahn wird dem Menschen da und dort in einem ganz bestimmten kirchlichen Umfeld zugerufen: *Du musst nur kräftig genug glauben und beten, dann wirst du gesund!* Gerne wird die Wirkung des Evangeliums reduziert auf sichtbare Erfolge. Und diese werden allenfalls als Wunder verkauft. Wunder als Artikel aus Ottos Warenposten, um den harten Glauben etwas auszupolstern!

Wahrnehmung und Veränderung

Zurück zum hässlichen Mann am schönen Tor. Er bleibt außen vor. Menschen mit Behinderungen haben im Tempel nichts zu suchen; sie sind kultisch unrein. Behindert zu sein ist eben nicht nur ein persönliches Schicksal, es hat auch eine gesellschaftliche Seite. Man gehört nicht dazu. Überall gibt es Menschen, die nicht dazugehören, bis auf den heutigen Tag. Der Gelähmte hat sich in den Gegebenheiten eingenistet. Er macht es so, wie wir es auch machen.

Man muss sich eben nach der Decke strecken. Wenn du nicht haben kannst, was du liebst, liebe das, was du hast.

Und überall gibt es andererseits auch Menschen, die gehören dazu! Und sie erachten es für selbstverständlich, dass andere draußen bleiben müssen.

Auch die, die dazugehören, haben sich in den Gegebenheiten eingenistet. Dazu gehört durchaus die Bereitschaft, Almosen zu geben. Die meist unausgesprochene Devise lautet: Lieber Almosen geben, als die Gegebenheiten verändern! Lieber spenden, als gesellschaftspolitisch aktiv werden! Auch die, die sich am Elend vorbeidrücken, haben sich eingerichtet.

Aber nun kommen da zwei daher, welche die eingespielten Ordnungen und Rituale durchbrechen. Es beginnt damit, dass sie genau hinsehen. Sie wollen wahrnehmen, wer da ist und was mit ihm ist. Und sie wollen, dass der andere auch sie wahrnimmt: *Schau uns an!* lautet die Aufforderung. Veränderung beginnt mit der Wahrnehmung dessen, was sich abspielt, beginnt mit dem Ernstnehmen des anderen in seiner Situation, in seiner Gegebenheit. Heute würde man sagen: Hier geschieht Kommunikation. Bevor sich etwas in Richtung des Besseren bewegt, findet Wahrnehmung, Auseinandersetzung, Beziehungsarbeit statt. Petrus und Johannes machen es vor.

Umkehrung der Werte

Haben Sie etwas Kleingeld? ist Frage und Anliegen jener, die uns auf der Straße ihre geöffnete Hand hinhalten. Und Kleingeld erwarten sie auch – nicht mehr und nicht weniger. Deshalb überrascht die Antwort des Petrus: *Silber und Gold besitze ich nicht.*

O je, wird der Bettler innerlich gestöhnt haben, *wieder einmalmehr zwei von diesen, die mir anstatt dessen, was ich zum Leben brauche, einen frommen Spruch unter die Weste jubeln. Fehlt nur, dass noch einer sagt, Geld allein mache auch nicht glücklich.*

Leidende machen diese Erfahrung sehr häufig, dass ihnen ein Zuspruch gegeben wird, der demjenigen, der ihn spendet, mehr nützt als dem, für den er gesagt wird. Aber aufgepasst! Hier wird nicht das Kleingeld verweigert. Hier wird gesagt, dass dem Bettler viel mehr zustünde als nur eine kleine Überbrückung. Denn auch das Viele, über das einige Menschen verfügen mögen, Silber und Gold nämlich, ist zuwenig, um ein Leben reich zu machen. Mit dieser Erkenntnis wird der Mensch, der sich mit seinem Elend arrangiert hat, konfrontiert.

Aber was soll es denn sein, das das Leben reicher macht als Silber und Gold?

Wir kennen eine mögliche Antwort, haben sie selbst oft schon gegeben und haben sie möglicherweise noch öfter gehört: *Hauptsache, man ist gesund!*
Gesundheit ist in unserer Zeit, die vorgibt, alles sei machbar, zu einem Wertmaßstab geworden. Krankes, beschädigtes, eingeschränktes Leben – und das ist die Kehrseite der Medaille – sei dann eben entwertetes Leben. Natürlich ist es schön, wenn ein kranker Mensch gesund wird. Manchmal reden wir im Fall einer Heilung sogar von einem Wunder.

Aber im Zusammenhang mit diesem Wunder, das uns in der Apostelgeschichte geschildert wird, müssen wir schon ein bisschen weiterdenken. Petrus hat einen entschieden höheren Anspruch. Nicht das Durchbrechen der Naturgesetze ist das Wunder, sondern dass sich die Gegebenheiten, welche in Gottes neuer Welt gelten, sich schon in dieser Zeit und Welt durchsetzen – das ist das Wunder!

Wir leben in einer Zeit, die sich – trotz allem gegenteiligen Schein – mit wenig zufrieden gibt. Einem, der sich mit seinem Elend abgefunden hat, reichen ein paar Münzen. Den Vielen, die mehr besitzen als ein paar Münzen und obendrein noch einigermaßen bei Gesundheit sind, steht der Sinn nach Silber und Gold.

Hätten sie es, wären sie – so ihre Annahme – glücklich. *Haben* sie es, dürfte es gut und gern noch ein bisschen mehr sein. Das Wunder des Lebens hat sich reduziert auf die Hoffnung, dass es ein bisschen mehr sein dürfte. Und wenn Gott sie fragte, so wie der Metzger hinter der Fleischbank: *Darf es etwas mehr sein?* würden sie ohne zu zögern antworten: *Selbstverständlich!* Überfluss wird interpretiert als ein Zeichen des Segens. Ein Millionen-Lottogewinn in Italien wurde bejubelt wie ein Wunder; in der Bar, in welcher der Lottoschein abgegeben wurde, wurden Kerzen entzündet.

Hier kehren zwei, die mit mindestens einem Fuß bereits in der neuen Welt Gottes stehen, die Werte, mit denen in der Welt gemessen und bewertet wird, um.

Gottes neue Welt bricht ein

Das wollten die beiden Evangelisten nämlich: Ein Zeichen setzen, dass Gottes neue Welt im Leben, in den Taten und Worten Jesu Einzug gehalten habe in unserer von alten Werten und Vorstellungen bestimmten Welt.

Wir wollen etwas mehr Wunder sehen! rufen alle, denen es in ihrem eigenen, persönlichen Leben und auf dieser Welt nicht mehr so recht gefällt.

Und ich möchte etwas mehr Veränderung sehen, sagt Gott im Hinblick auf die unbeweglichen Denkstrukturen der Menschen.

Der Mann in unserer Geschichte, der aus seinem alten Leben aufsteht, bedankt sich nicht nur für die neuen Möglichkeiten, die darin bestehen, dass er nun selber auf die Jagd nach Silber und Gold gehen kann; das wäre dann nur wieder die Bestätigung alter Denkmuster, die einen sich selbst überlassenen Markt mit dem Paradies verwechseln, in dem jede und jeder, wer eben nur ein bisschen wolle, nach Besitz und sogar nach Reichtum greifen könne. Neoliberalismus als Brunnen, an dem jeder den Segen selber schöpfen kann? Nein danke!

Das Wunder, das hier beschrieben wird, gründet sich nicht im Durchbrechen der naturwissenschaftlichen Vorgaben. Das Wunder liegt darin, dass einer aufersteht, aufersteht in ein Leben, das sich an den Gegebenheiten von Gottes neuer Welt ausrichtet.

Diese Geschichte wurde erzählt, weil es den Menschen angenehm wäre, die Gegebenheiten, die anderen Menschen um sie herum und schließlich die ganze Welt würde sich verändern. Das, so meinen sie, wäre ein Wunder.

Diese Geschichte wurde erzählt, weil Gott darauf wartet, dass sich im Denken und Handeln der Menschen etwas ändert, nämlich: dass sie sich für ihr Leben an den Vorgaben seiner neuen Welt orientieren, wie sie in Jesus sichtbar geworden sind.

Wenn das geschähe, so meint Gott, wäre es ein Wunder!

Zum 13. Sonntag nach Trinitatis

Einmal kam ein in Lebens- und Glaubensfragen sehr versierter frommer Mann zu Jesus und fragte ihn, was er denn tun müsse, um dem Leben eine Perspektive, einen Sinn geben zu können. Anstatt eine Antwort zu geben, konfrontierte ihn Jesus mit einer entsprechenden Katechismusfrage. Der Fragesteller antwortete ohne zu zögern; er konnte das, denn er hatte gelernt, dass – wenn er denn nur in allem seinem Glaubensgehorsam treu bleibe – er eigentlich mit der Zustimmung der Öffentlichkeit und mit jener auch von Gott rechnen könne. Ohne Atem zu holen spulte er herunter: *„Du sollst den Herrn, deinen Gott, lieben mit ganzem Herzen, mit deiner ganzen Seele, mit deiner ganzen Kraft und allen deinen Gedanken und deinen Nächsten wie dich selbst".*

„Nun denn", könnte Jesus zurückgefragt haben, „wo liegt das Problem?" Darauf schloss der Fragesteller eine zweite Frage an, die mich immer wieder betroffen macht, wenn ich sie höre oder lese; er fragte nämlich nicht, wer denn dieser Gott sei, den es zu lieben gelte, und wie man das mache, ihn zu lieben. Er fragte: *Wer ist denn das, mein Nächster?*

Verdrehter geht es nun nicht mehr. Zu Gott, den er noch nie gesehen hatte, hatte er anscheinend keine Fragen. Ihn hatte er gewissermaßen auswendig gelernt. Aber nach den Menschen, mit denen er tagtäglich zu tun hatte, nach der Gesellschaft, musste er fragen. So kann's gehen! Die fromme Auseinandersetzung mit Gott, die Frage nach einem ihm wohlgefälligen Leben, eleganter gesagt: die theologische Auseinandersetzung, wer in Bezug auf Gott Recht habe, beziehungsweise wer es ihm recht mache, kann den Blick auf das Naheliegende und die Nächst-

liegenden total verbauen. Jesus kennt dieses Be-
streben nach intakter Frömmigkeit und erzählt deshalb folgende Geschichte:

*Ein Mensch ging von Jerusalem nach Jericho hinab und fiel unter die
Räuber. Die zogen ihn aus, schlugen ihn nieder, machten sich davon und
ließen ihn halb tot liegen. Zufällig kam ein Priester denselben Weg herab,
sah ihn und ging vorüber. Auch ein Levit, der an den Ort kam, sah ihn und
ging vorüber. Ein Samaritaner, der unterwegs war, kam vorbei, sah ihn und
fühlte Mitleid. Und er ging zu ihm hin, goss Öl und Wein auf seine
Wunden und verband sie ihm. Dann hob er ihn auf sein Reittier und brachte
ihn in ein Wirtshaus und sorgte für ihn. Am anderen Morgen zog er zwei
Denare hervor und gab sie dem Wirt und sagte: Sorge für ihn! Und was du
darüber hinaus aufwendest, werde ich dir erstatten, wenn ich wieder
vorbeikomme.*

*Wer von diesen dreien, meinst du, ist dem, der unter die Räuber fiel, der
Nächste geworden? Der sagte: Derjenige, der ihm Barmherzigkeit erwiesen
hat. Da sagte Jesus zu ihm: Geh auch du und handle ebenso.*

Lukas 10, 30b-37

Die Bewegung innerhalb der Geschichte

Wir haben eine Erzählung vor uns, in der alles un-
aufhörlich in Bewegung zu sein scheint. Ein Mann
geht hinab nach Jericho. Die Räuber, die ihn überfallen
haben, *machen sich davon*. Ein Priester *geht* auch *hinab*
und *geht* an ihm *vorüber*. Ein Levit *kommt* und *geht*
ebenfalls *vorbei*. Dann *kommt* ein Samaritaner, der
allerdings *geht* zu ihm *hin* und verspricht beim
Abschied, *wiederzukommen*.

Jesus scheint vom *Weggehen* und vom *Hingehen* zu
erzählen. *Das* macht die Bewegung in der Geschichte
aus und steckt die Grenzen ab, innerhalb denen die
Frage beantwortet werden will: *„Wer ist denn mein
Nächster?"* Allem Anschein nach kann die Frage nach
dem, wer der oder die Nächste sei, nicht theoretisch
erörtert, kann nicht vom grünen Tisch her und schon
gar nicht von der Kanzel herab beantwortet werden.
Menschen werden sich gegenseitig zu Nächsten,

wenn sie sich dieses Wechselspiels von Weggehen und Hinkommen, von Distanz und Nähe bewusst werden.

Schauen wir sie noch einmal an, die Akteure in dieser Geschichte: Der Priester und der Levit gehen *vorbei*. Wie diese beiden möchten wir nicht sein. Und so, wie die Räuber, möchten wir schon gar nicht sein; die *machen sich davon*. So wie der Samaritaner möchten wir sein. Was ist seine Bewegung in dieser Geschichte? Er *kommt* und *geht* und *kommt*!

Und nun flugs das Ganze inszeniert und auf die Bühne gebracht! Es lässt sich ja so einfach nachspielen, dieses Gleichnis. Wer ist der Priester? Wer sein Tempeldiener? Wer die Räuber und wer der Samaritaner?

Die Sache hat einen Haken. Was hier im Lukasevangelium steht, ist nicht aufgeschrieben zum Nacherzählen oder zum Nachspielen. Hier wird etwas erzählt zum Nach*leben*! Dann sieht die Rollenverteilung plötzlich ganz anders aus. Denn innerhalb unserer eigenen Geschichte sind wir nie nur so, wie *eine* Person aus der von Jesus erzählten Geschichte. In diesem Wechselspiel von Nähe und Distanz wagen wir ab und zu Nähe, gehen auf einen anderen Menschen zu, lassen uns auf eine Begegnung ein. Dann wieder setzen wir uns auf Distanz, grenzen uns ab und andere aus, weil die von ihnen zum Ausdruck gebrachten Bedürfnisse unsere Pläne durchkreuzen, unser gesundes Volksempfinden stören oder uns sogar in unserer Art, unsere Frömmigkeit zu leben, hinterfragen und verunsichern. Auch stoßen wir manchmal bewusst andere ab und aus; wir lesen ihnen die Leviten, und hätten dann doch wieder sehr viel dagegen, wenn man uns aufgrund unseres Verhaltens als Leviten bezeichnen möchte.

Welche Rolle spielen *wir* also in der Geschichte Jesu? Zunächst lautet die Antwort: Wir sind diejenigen, die ihre liebe Mühe haben, mit *Distanz* und *Nähe* umzugehen. Wir haben unsere Mühe damit, das Leben unter uns Menschen so zu gestalten und zu definieren, dass es jenen Vorstellungen Gottes entspricht, die uns in Jesus, in seinem Reden und Handeln deutlich gemacht worden sind.

Das Vorbild: der Samaritaner

Damit wir die Geschichte recht verstehen, müssen wir uns bewusst machen, *wen* wir uns schließlich zum Vorbild nehmen sollen. Ist es tatsächlich der Samaritaner? Damals konnte er unmöglich Vorbild sein. Die Vorurteile, die Etiketten, die Verdächtigungen, welche sich mit dem Begriff *Samaritaner* verbanden, waren so gravierend, dass sich die frommen Juden unter den Samaritanern nicht einfach Menschen mit einer anderen Lebensart und anderen Ritualen vorstellten; ein Mensch dieser Herkunft war per definitionem ein nichtswürdiges, verbrecherisches, unkultiviertes, bedrohliches Wesen, mit dem man absolut nichts und in keinem Fall etwas zu tun haben wollte; es gibt in unserer Kultur wohl nichts, was dem vergleichbar wäre. Der Samaritaner *kann* also gar nicht Vorbild sein, höchstens sein *Verhalten* kann vorbildhaften Charakter bekommen. Aber was tut er denn, dass ihm nachgeeifert werden könnte? Er tut Gutes! Er tut das, was Not tut, das Notwendige. Wir wissen natürlich, dass es nicht immer so einfach zu erkennen ist, was denn in einer jeweiligen Situation das Rechte und was das Falsche sei.

Der Samaritaner ist einerseits der Teil der Geschichte, welcher am erkennbaren Opfer Hilfe leistet. Er ist, *weil* er Samaritaner ist, andererseits jener

Teil in der Jesusverkündigung, der das menschliche Verhalten, welches sich orientiert am Satz *Tue recht und scheue niemand*, hinterfragt und entlarvt. In dem der Samaritaner situativ das Rechte tat, ist er Vorbild geworden für Humanisten und Christen aller Schattierungen; sogar Atheisten können sich an ihm moralisch emporranken.

War das die Absicht Jesu, als er diese Geschichte erzählte? Wäre das Gleichnis vom barmherzigen Samaritaner letzten Endes nichts anderes, als der jüdisch-christliche Beitrag zur Definition von humanistisch geprägten Regeln fürs Zusammenleben der Menschen?

Das Reich Gottes ist nahe herbeigekommen

Gehen wir nochmals zurück, zur Ursache dessen, weshalb die Geschichte von Jesus erzählt worden ist. Der Sinnsuchende fragte nach dem Nächsten. Ich habe ihm das zum Vorwurf gemacht, weil ich der Meinung bin, die Antwort darauf, wo denn Gott zu finden sei, sei entschieden schwieriger zu geben als die Antwort, wo und wer denn die Nächsten seien. Aber auch auf die Frage, wo denn Gott sei, gibt Jesus eine Antwort: *Dort* ist Gott, wo Samaritaner und Juden in *einer* Geschichte vorkommen. *Dort* ist Gott, wo scheinbar Unüberwindbares überwunden wird. Er ist dieser Raum, in dem alles Trennende zwischen den Menschen fällt. Aber er ist auch der Raum, in dem jeder einzelne Mensch mit seinen jeweils oft so widersprüchlichen Wesenszügen zu sich findet, sich zu sich selbst neigen und sich annehmen kann.

Wenn wir Räume beschreiben müssen, in denen sich das Leben abspielt, beginnen wir meist damit, dass wir etwas über die Wände sagen, darüber also, was abgrenzt, ausgrenzt. Jener Raum, den Gott schafft und in den uns Jesus zum Eintreten einlädt, ist weit, ist offen. Alle haben Platz. Die Einladung, welche Jesus ausspricht, heißt:

Das Reich Gottes ist in eure Nähe gekommen.

Zum 20. Sonntag nach Trinitatis

Noah ging aus der Arche, und mit ihm seine Söhne, seine Frau und die Frauen seiner Söhne. Auch alle Tiere, alle Kriechtiere und alle Vögel, alles, was auf Erden sich regt, Art um Art gingen sie aus der Arche. Und Noah baute Gott einen Altar. Dann nahm er von allen reinen Tieren und von allen reinen Vögeln und brachte Brandopfer dar auf dem Altar. Und Gott roch den lieblichen Duft, und sagte bei sich selber: Nie werde ich wieder die Erde verachten um des Menschen willen. Denn das Trachten des Menschenherzens ist böse von Jugend an. Und nie werde ich wieder schlagen, was da lebt, wie ich getan habe. Solange die Erde währt, sollen nicht aufhören Saat und Ernte, Frost und Hitze, Sommer und Winter, Tag und Nacht.

Genesis 8, 18-22

Gott – unverständlich, ungerecht, unlogisch

Das Ende der Sintflut! Aufs erste Hören hin scheint sich jetzt alles zum Guten zu wenden. Etwas Neues beginnt. Alles fängt nochmals an – beim Punkt Null gewissermaßen. Nun blättern wir aber nochmals etwas zurück: Im 4. Kapitel unserer Bibel, ganz weit vorne also, am Anfang der Geschichte des Menschen, so, wie die Bibel sie erzählt, wird berichtet, dass der Mensch fähig sei zur Gewalt: Der frustrierte Kain, dem die unerklärliche Zuwendung Gottes zu seinem Bruder Abel unverständlich war, schlägt diesen tot. Im Kapitel 6 dann, also immer noch ganz weit vorne in der Bibel, steht der denkwürdige Satz: *Es reute Gott, dass er den Menschen geschaffen hatte.* Und nur einige Sätze weiter gibt er seinen konsequenten Entscheid bekannt:

Ich will die Menschen, die ich geschaffen habe, vom Erdboden vertilgen, den Menschen samt dem Vieh, den Kriechtieren und den Vögel... (Gen. 6,7)

Es scheint, dass Gott zur Einsicht gekommen ist, dass Frieden nur möglich wird, wo alles organische Leben verschwunden ist. Denn alle Organismen leben auf Kosten anderer. Friede also nur, wo alles Leben aufhört? Auf dem Mond, wo nichts wächst und nichts lebt, wäre demnach Friede. Vielleicht heißt deshalb der Anfang eines Volksliedes: *Guter Mond, du gehst so stille...*

Dann allerdings lässt sich Gott die Sache mit Noah und der Arche einfallen – welch wundervolle Idee! Die Arten werden gerettet. Ein Paar von jeder Art: mehr Biodiversität als auf der überdüngten Rütliwiese! Ein Neuanfang beginnt. Die Bibel könnte nochmals geschrieben werden, beginnend beim ersten Kapitel, wo Gott sah, dass alles gut war. Das Paradies scheint noch einmal erfunden zu werden. Da aber lässt sich in unserem Predigttext ein vollkommen desillusionierter Gott vernehmen: *Nie werde ich wieder die Erde verachten um des Menschen willen. Denn das Trachten des Menschenherzens ist böse von Jugend an (Gen. 8,21).*

Er weiß es! Er sieht die nächste Katastrophe schon kommen. Der Mensch, der ultimative Spielverderber in der Schöpfung, ist entlarvt. Und trotzdem geht die Geschichte weiter. Gott ist und bleibt in seinen Entscheiden unverständlich. Mit einem Blick weg vom Geschehen, wie es in der Bibel geschildert ist und hin mit einem Blick auf die Art und Weise, wie die Menschen heute umgehen mit der Schöpfung, mit der Mitwelt, mit den Tieren und immer und immer wieder auch mit den Mitmenschen, könnte man zum Schluss kommen, dass Gott auch ungerecht sei. Die Schöpfung scheint nur eine Überlebenschance zu haben, wenn der Mensch sich nicht mehr in ihr befände. Wäre es nicht besser gewesen, die Arche wäre seinerzeit ohne Noah und die Spezies Mensch in See gestochen? Wäre das nicht *die* Chance für die Schöpfung gewesen? Als hätte er sich selbst nicht zugehört, als er sagte, dass das menschliche Herz böse sei von

Jugend auf, handelt Gott an seiner Erkenntnis vorbei – unverständlich und, zumindest im Hinblick auf die Schöpfung, auch ungerecht.

Seiner eigenen Argumentation gegenüber ist er untreu, dieser Gott. Vielleicht müssten wir besser sagen: unlogisch. Denn die Logik, welche auf seine Erkenntnis folgt, müsste heißen: Wenn schon nochmals eine Erde mit organischem Leben, dann zumindest ohne den Risikofaktor Mensch.

... weil er liebt

Aber wir werden sehen, dass er längst nicht nur in dieser Geschichte anders als erwartet handelt. Immer wieder lesen wir in der Bibel bis weit hinein ins Neue Testament von den Kehrtwendungen Gottes. Wie kommt es, dass er wider seine bessere Erkenntnis handelt?

Die Antwort gibt der Text selbst: Gott will, dass die Geschichte weitergeht – mit Bergen und Bächen, mit Wäldern und Seen, mit Blumen und Tieren – und mit Menschen. Kein neues Konzept also – alles wie gehabt.

Wir können es uns nur so erklären: Gott will gar kein Paradies für sich oder für wen auch immer. Er will eine Menschengeschichte. Er will, dass die Menschen unterwegs sind in seiner Schöpfung und auf ein Ziel zu gehen. Gott lebt fortan in der Spannung, dass die Vernichtung des Menschen zwar weiterhin gerechtfertigt bleibt (denn der Mensch ist böse von allem Anfang an), dass er aber nicht die Vernichtung, sondern die menschliche Existenz will. Warum das? Gehen wir doch einmal von dieser unverschämten Annahme aus, dass er die Menschen liebe. Anders kann ich mir sein Verhalten nicht erklären als so: Gott liebt die Menschen!

Mensch war Mensch, ist Mensch und bleibt Mensch

Das heißt dann, dass wir die Bibel *so* lesen müssten: nicht als ein Buch, das die Gottesgeschichte erzählt, sondern als ein Buch, das die Menschengeschichte erzählt. Es bleibt dabei: Gott will Erfahrungen machen mit den Menschen. Und Gott weiß, dass er nur Erfahrungen mit den Menschen machen kann, wenn er ihm, dem Menschen, gegenüber inkonsequent ist. Gottes Inkonsequenz rettet den Menschen. Und so, und nur so, bleibt dieser in der Geschichte.

Wir schauen kurz hinein in einen Abschnitt im Römerbrief, Kapitel 3. Dort zitiert Paulus aus dem 14. Psalm:

Da ist keiner, der Verstand hätte, da ist keiner, der Gott suchte. Alle sind sie vom Weg abgekommen, allesamt taugen sie nichts; da ist keiner, der sich in Güte übte, keiner, auch nicht einer.

Jahrhunderte nach dem die Geschichte von der großen Flut erzählt wurde, schreibt Paulus im haargenau gleichen Sinn und Geist. Und Ulrich Horstmann, ein Philosoph unserer Zeit, rät in seinem Buch *Das Untier*, wir sollten unseren Planeten endlich *vermonden*, denn erst wenn alles Stoffliche vermodert und verödet, der letzte Seufzer verklungen und der letzte Keim verdorrt sei, werde wieder Eden sein auf Erden. Horstmann ist nicht der einzige Zeitgenosse, der zum gleichen Schluss kommt wie Gott am Anfang der von der Bibel erzählten Menschengeschichte und Paulus am Anfang unserer Zeitrechnung:

Der Mensch ist böse. Und der Mensch ist gefährlich. Ihm ist nicht zu trauen! Beziehungsweise – was noch schlimmer ist –: Ihm ist alles zuzutrauen!

Wenn Gottes Absicht und der Lebensentwurf des Menschen zusammengehen

Das ist nun ein ganz und gar niederschmetternder und deprimierender Befund. Und wir fragen uns, wie die Menschen zu allen Zeiten fragten: Wie soll es denn weitergehen mit uns? Eine Antwort liegt in der Erzählung vom Ende der Sintflut. Und eine Antwort liegt auch im zitierten Paulusbrief: Es geht nur weiter mit der Menschengeschichte, wenn sie verknüpft und verwoben wird mit der Gottesgeschichte. Die Gottesgeschichte schafft Raum für die Geschichte Noahs, für diejenige Abrahams, für die Geschichte Israels bis hin zur Geschichte Jesu und schließlich jener der neutestamentlichen Gemeinde bis auf den heutigen Tag. Die Vorgaben sind die gleichen geblieben:

Das Trachten des menschlichen Herzens ist böse von Jugend auf... und *...alle sind abgewichen, sie sind alle zusammen unnütz geworden.*

Aber auch die anderen Vorgaben sind geblieben: Gott bleibt unverständlich und unlogisch, macht nicht Gebrauch von seinen Möglichkeiten, endlich Tabula rasa zu machen, aufzuräumen, ein für alle mal – weil er liebt! Die Liebe folgt keiner Logik, Gott sei Dank!

Vom Sinn des Lebens

Wenn zwei Menschen sich par tout nicht verstehen und miteinander nicht auszukommen glauben, sagen wir bisweilen: Sie können sich nicht riechen!
Das gleiche ließe sich sagen, wenn wir danach fragen, was Gott von den Menschen halte: Eigentlich müsste er sie, so wie sie sich gegeneinander und ihm gegenüber verhalten, nicht mehr riechen können!

Aber genau das ist nicht der Fall. Die heute erzählte Geschichte bestätigt das Gegenteil. So hören wir's:

Noah wird gewahr, dass es eine Menschengeschichte nur gibt, weil Gott seine eigene Geschichte mit derjenigen des Menschen verwoben hat. Und in der Art des Menschen aus früher Zeit reagiert Noah mit einem Opfer. Das hat nun gar nichts zu tun mit einer besonderen Kollekte oder dem Versuch, eine noch offene Rechnung gegenüber dem Geber aller Gaben zu begleichen. Was Noah hier tut, ist der Versuch, Gott mitzuteilen:

Ich glaube, ich habe verstanden. Der Sinn meines Lebens liegt darin, dass ich Gottes unerklärliche Nachsicht zu begreifen versuche. Der Sinn des Lebens liegt außerhalb meines Vermögens. Denn ich gehöre auch zu denen, deren Herz böse ist von Jugend auf. Dass ich lebe und Leben gestalten kann, ist nicht Resultat meines Fleißes und Einsatzes. Der Sinn liegt eben gerade darin, dass ich NICHT bekomme, was ich verdiene. Der Sinn liegt darin, dass ich – wider alle göttliche Vernunft – von ihm geliebt bin.

Von dem Menschen, der Gott gegenüber zum Ausdruck bringt, dass er verstanden habe, dass er eine von Gott geliebte Kreatur sei, erzählt unsere Geschichte, Gott könne ihn riechen.

…Gott roch den lieblichen Duft…

Mit dieser Erkenntnis gestaltete Noah das Leben nach der großen Katastrophe: *Gott kann mich riechen!*

Was auch immer hinter uns liegt: Das Leben, das noch vor uns liegt, bekommt seinen Sinn durch die Erkenntnis, dass Gott uns riechen kann. Wir sollten deshalb etwas heiterer aus diesem Gottesdienst herausgehen, als wir möglicherweise hereingekommen sind.

Zum Dank-, Buß- und Bettag

Richtet nicht, damit ihr nicht gerichtet werdet! Denn wie ihr richtet, so werdet ihr gerichtet werden, und mit dem Maß, mit dem ihr messt, wird euch zugemessen werden.
Was siehst du den Splitter im Auge deines Bruders, den Balken in deinem Auge aber nimmst du nicht wahr? Oder wie kannst du zu deinem Bruder sagen: Lass mich den Splitter aus deinem Auge herausziehen, und dabei ist in deinem Auge der Balken? Du Heuchler! Zieh zuerst den Balken aus deinem Auge. Dann wirst du klar genug sehen, um den Splitter aus dem Auge deines Bruders herauszuziehen. Matthäus 7, 1-5

Worüber wäre zu predigen? Über die Splitter in den Augen der andern? Oder über die Balken in den eigenen? Beginnen wir doch mit dem ersten Vers dieses Abschnittes aus dem Matthäusevangelium.

Also, deutlicher geht es wohl nicht: *Richtet nicht, damit ihr nicht gerichtet werdet!*

Solche Sätze brauchen keine Erklärungen. Hier geht nur: Entweder akzeptieren – oder ignorieren. Würde ich für die zweite Empfehlung optieren, stünde ich nicht auf der Kanzel. Denn das geht durchaus: Um diesen Satz kann man sich drücken. Man kann auch an einem Dank-, Buß- und Bettag Pilze suchen gehen. Das gleich mal vorweg: Pilze suchen wäre harmloser, als sich mit der Herausforderung herumzuschlagen: *Richten verboten! Keine Urteile über andere Menschen! Richtet nicht!*

Wie könnte denn die Umsetzung in etwa aussehen? Zum Beispiel: *Seid nett zueinander.* Oder: *Seid um Gotteswillen vorurteilslos.* Besser noch: *Seid vertrauensselig und unkritisch.* Probiert das einmal aus, das lässt sich keinen Tag durchstehen oder durchsetzen!

Was käme sonst noch in Frage? Vielleicht: *Überlasst das Richten den Kompetenten.* Das wäre dann schon hohe Schule und setzte viel Vertrauen in die Kompetenz der Betreffenden voraus. Ehrlich gesagt: Ich hätte im Augenblick Mühe, jemanden zu nennen, dem ich mich diesbezüglich ausliefern möchte.

Gott kommt uns in den Sinn. Er soll richten. Wenn nicht sogar: Er soll's richten. Aber kann er denn? Hätte dieser apodiktische Satz nicht auch Gültigkeit für den Absender: *Denn wie ihr richtet, so werdet ihr gerichtet werden?* Das bedeutet doch, dass so, wie Gott richtete, er selbst gerichtet würde. Wer wäre die richtende Instanz in diesem Fall? Und wie sähe das Urteil wohl aus?

Die Sache mit dem Richten, mit dem Urteilen muss schon etwas sehr Bedeutungsvolles und Bedrohliches sein, wenn Jesus so kompromisslos dagegenspricht. Wenn es sich bloß um eine Verhaltensmaßregel handelte! Wenn von uns verlangt würde, dass wir uns ein bisschen Mühe geben sollen! Damit könnten wir noch umgehen. Aber hier werden wir in einem unserer Grundbedürfnisse angesprochen: In unserer Sehnsucht nach Gerechtigkeit! Wir gehen davon aus, dass im Zweifelsfall der Gerechtigkeit durch ein Gericht mit einem Richterspruch und einem Urteil zur Nachhaltigkeit verholfen wird. Andererseits wissen wir spätestens seit Friedrich Dürrenmatt, dass Rechtsprechung und Gerechtigkeit nicht zwangsläufig etwas miteinander zu tun haben müssen.

Oder dachte Jesus an das ganz Andere: Ein Mensch der richtet, beansprucht in jedem Fall Macht über einen anderen Menschen. Soll die Machtfrage gestellt werden? Allerdings wird dann auch die Frage virulent, wie Gerechtigkeit zu erlangen sei, wenn niemand mehr die Frage nach dem Unterschied zwischen Gut und Böse stellt.

Oder zielt er in einer ganz anderen Richtung? Heißt die Konfrontation: Im Suchen fremder Schuld drücken wir uns um die Auseinandersetzung mit den eigenen Anteilen an der Misere in der Welt und am latenten Missbehagen im eigenen Leben? Der Dank-, Buß- und Bettag lädt ein zur landesweiten Zerknirschung. Tut das auch dieses Jesuswort? Auf welchen Weg führt es uns?

Ziehen wir diesen Gedanken einmal durch. Aufgrund einer Forderung, die eh' niemand erfüllen kann, werden wir zur Erkenntnis der ausweglosen Schuld geführt. Was Jesus verlangt, kann nicht geleistet werden. Es bleibt uns nur die Erkenntnis unserer grenzenlosen Schuldhaftigkeit. Anstelle des Splitters im Auge des Mitmenschen forschen wir nun unablässig nach dem Balken in den eigenen Augen. Was dabei herauskäme, wäre eine Gesellschaft von Zwanghaften. Jean-Paul Sartre hat sie portraitiert in seinem Stück *Die Fliegen*. Eine ganze Stadt zelebriert ihr schlechtes Gewissen, lebt in ständiger Unfreiheit, weil ihr Lebensprinzip die Reue über das getane oder zumindest über das eingeredete Unrecht ist. Grauenhaft! Wohin führt uns dieser Text? Was hat Jesus mit uns vor?

Bis jetzt haben wir uns mit dem Nachdenken über dieses Jesuswort unablässig innerhalb der Grenzen unserer Denkstrukturen bewegt, haben Argumente dafür und dawider hin und her gewälzt und stehen immer noch vor der Frage, wie wir diese Forderung Jesu innerhalb unserer Erfahrungswirklichkeit unterzubringen haben.

Wir kommen weiter, wenn wir uns bewusst machen, dass Jesus uns mit einer alternativen Wirklichkeit konfrontieren will, mit einer Wirklichkeit, die sich nicht an den Erfahrungen und Erkenntnissen der Menschen orientiert, sondern an den Ideen und Träumen Gottes von einer neuen Welt. Man könnte

Seiten füllen mit der Beschreibung dessen, was die Ideen und Träume Gottes von einer neuen Welt alles beinhalten könnten. Wir beschränken uns mit einem Blick auf den, welcher der Vorwegnahme des Gottesprinzips mit seinen Worten und Taten einen absolut glaubwürdigen Nachdruck verlieh: Jesus. Bei ihm nehmen wir es wahr:

- Der Urteilende ist immer auch der Liebende
- Der Gerechte ist immer auch der Liebende
- Der, welcher aus den Schuldverflechtungen der Vergangenheit befreit, ist immer auch der Liebende.

Uns wird hier eine neue Idee zur Gestaltung des eigenen Lebens und zum Umgang mit unseren Mitmenschen vorgestellt. Ziel des Umgangs mit den Menschen unserer Zeit und Welt ist nie ihr Ende; ihr Ende wäre auch das unsere. Unser Richten ist immer so, dass es für den Gerichteten (und damit auch für uns selber) nicht ein Weg zum Schafott, zum Ende hin ist. Es wird immer ein Weg zu einem neuen Anfang sein.

Der Sehnsucht nach Gerechtigkeit begegnet Gott so, dass er sich den Menschen zuwendet. Sein Richtspruch ist seine Liebe zu den Menschen. Sein Urteil öffnet das Tor zum Leben – immer wieder. Sein Richtspruch entlässt in die Freiheit – immer wieder.

Die Prämisse heißt: *So spricht der Herr: Wenn man fällt, steht man dann nicht wieder auf? Oder wendet sich einer weg und wendet sich nicht wieder hin? (zitiert aus der alttestamentliche Lesung: Jeremia 8, 4).*

Gott handelt danach. Täten wir es auch, bräche eine neue Zeit, bräche seine neue Welt an – mitten unter uns.

Zum 23. Sonntag nach Trinitatis

Gott sagte: Das Geschrei über Sodom ist groß, und ihr Verschulden wiegt schwer. Ich will hinab und mir dieses ansehen. Abraham aber blieb vor Gott stehen, trat vor ihn und sagte: Willst du mit den Gottlosen auch die Gerechten vernichten? Vielleicht sind fünfzig Gerechte in der Stadt; willst du auch die hinwegraffen? Willst du nicht lieber dem Ort vergeben wegen der fünfzig Gerechten darin? Das kann doch nicht sein, dass du die Gerechten mit den Gottlosen tötest! Das kann doch nicht sein, dass es dem Gerechten gleich ergeht wie dem, dem die Sache Gottes gleichgültig ist! Wenn du schon der Richter über aller Welt bist, wirst du doch gerecht Recht sprechen. Gott erwiderte: Finde ich in Sodom fünfzig Gerechte, will ich um ihretwillen dem ganzen Ort vergeben. Abraham gab noch keine Ruhe und sagte: O Gott, ich habe mich dazu hinreißen lassen, mit dir zu rechten, obwohl ich vor dir nur Staub und Asche bin. Vielleicht sind es fünf weniger als fünfzig, willst du dann die ganze Stadt verderben um der fünfe willen? Gut!, sagte Gott; finden sich fünfundvierzig, wird die Stadt nicht verheert. Nochmals meldete sich Abraham und sagte: Vielleicht sind es nur vierzig? Wären es vierzig, sagte Gott, würde die Stadt verschont. Und Abraham: Verzeih, wenn ich mich nochmals einsetze; vielleicht sind's nur dreißig…? Wären es nur dreißig, sagte Gott, ich täte es nicht. Abraham wagte es nochmals: Ach, ich habe mich unterfangen, mit Gott zu rechten! Aber vielleicht finden wir zwanzig? Und Gott sagte: Gut, finden wir zwanzig, werde ich es nicht tun. Und Abraham: Mein Herr, nimm mir's nicht übel, aber wenn es zehn wären? Und nochmals antwortete Gott: Ich würde sie nicht verderben um der zehn willen. Damit ging er davon, denn er hatte mit Abraham zu Ende geredet.

aus Genesis 18

Beinahe wie eine Legende

Es gab einmal eine Stadt, die von lauter Einzelnen bewohnt war. Jede und jeder Einzelne hatte das, was sie oder er brauchte, im Überfluss: Jede und jeder hatte ein Haus. Diskussionen, welches Programm im Fernseher eingeschaltet werden solle, gab es nicht, denn alle hatten ihre eigenen Geräte. Es gab kein Feilschen mehr um Waschküchenschlüssel, weil es in dieser Stadt genau so viele Waschmaschinen gab wie Einwohner. Weil jede und jeder ihr eigenes WC und Badezimmer hatte, gab es keine Warterei mehr vor verschlossenen Türen. So fielen auch sämtliche War-

157

teschlangen weg und mit ihnen die kleinen Begegnungen und Gespräche über das Wetter und dieses und jenes. Das Gleiche vor den Busstationen: kein Mensch mehr wartete, denn jeder fuhr sein eigenes Auto und stellte es auf seinem eigenen Parkplatz vor der eigenen Firma ab. Anstelle mit dem Sitznachbar im Bus unterhielt sich jeder Einzelne in seinem Auto sitzend über die Freisprechanlage mit einem anderen Einzelnen. Es liegt auf der Hand, dass es auch keine Kirchen mehr brauchte, denn um zu hören, dass Gottes Segen es sei, was den Reichtum des Einzelnen fördere, reichte es, einen aus einem Glaspalast übertragenen amerikanischen Fernsehgottesdienst einzuschalten. Alle Formen von Gemeinschaft hatten damit nach und nach aufgehört zu sein. Nicht, dass man sie abgeschafft hätte, nein; sie hatten einfach jegliche Bedeutung verloren. Bis vor kurzem hatte es noch lose Zusammenkünfte gegeben mit dem Ziel, dass je ein Einzelner einen anderen Einzelnen bewunderte. Aber auch das hatte aufgehört, weil keine und keiner mehr den anderen brauchte, denn jede und jeder war sich selbst genug. Alle waren zufrieden. Weil es keine Kommunikation mehr brauchte, wurde auch niemand mehr kritisiert. Alle waren also nicht nur zufrieden, jede und jeder war *selbst*zufrieden. Jedes Individuum war so gut, wie es sich selbst einschätzte. So gab es schließlich auch keinen Staat mehr und jene Parteien, die schon immer auf dieses Ziel hin gearbeitet hatten, gab es auch nicht mehr. Es gab nur noch die grenzenlose Freiheit des Einzelnen und einen von allen Regeln befreiten freien Markt. Kein Mensch mehr wusste, was Partizipieren, was Teilen war. Die Gemeinschaft hatte sich in der Individualisierung aufgelöst.

Und der Herr sprach: Ich will hinab und mir dieses ansehen!

Eine vorgezogene Weihnachtsgeschichte: Gott steigt herab…

Ein über allem thronender Himmelskönig und Weltenherrscher könnte ungefragt von fern und aus sicherer Distanz richten und vernichten. Aber Gott steigt herab. Gott macht sich begreifbar; beinahe haben wir es hier mit einer vorgezogenen Weihnachtsgeschichte zu tun. Gott macht sich begreifbar; damit wird er greifbar – aber auch angreifbar. Und das kommt zum Ausdruck darin, wie Abraham mit seinem Gott umgeht. Was hier abgeht, hat schon nichts mehr mit Fürbitte, mit Gebet zu tun. Zwischen den Richtenden und seinem richterlichen Urteil und dessen Vollstreckung stellen sich die Argumente des Menschen, der an den guten Gott glaubt.

Wo die Solidargemeinschaft aufgehört hat

Wir werden Zeuge eines klassischen jüdischen Disputes. Damit meine ich nicht das Feilschen, das im Laufe der Jahrhunderte als Kennzeichen typisch jüdischen Verhaltens erklärt wurde und aus dem sich wohl auch eine gute Portion Antisemitismus ableitete. Einerseits geht es darum, ob sich in der Menge der Vereinzelten die notwendigen zehn Männer finden lassen, die es für den Synagogengottesdienst braucht. Aber zuvor geht es noch um eine viel wesentlichere Frage: *Dürfen Unschuldige zusammen mit den Schuldigen umgebracht werden – allein um der Gerechtigkeit willen?* Heute würde die Frage etwas anders gestellt. Sie hieße vielleicht so: Darf man das: Die Gewinne aus allen Geschäften werden privatisiert, fließen in die Taschen der Einzelnen; für die Gemeinschaft bleibt kaum etwas übrig. Oder: Die Kapitäne der Großbanken haben für ihre Betriebe – nachdem sie diese gegen die Wand gefahren haben – Steuerbefreiung erwirkt; aber die gleichen Herren kassieren Löhne und Boni in einer Höhe, die man eigentlich nur noch als strukturelle Sünde bezeichnen kann. Läuft es dann aber wieder schief, bleiben die Gewinne aus und werden gar Verluste verbucht, werden diese sozialisiert, also jener Gemeinschaft aufgebürdet, von der man eigentlich sagte, man brauche sie nicht.

Nach diesem kleinen Abstecher in die Aktualität zurück zu Abraham.

Wer begnadigt hier wen?

Was tut Abraham eigentlich? Er hält Gottes Gerichts- und Vernichtungsabsicht dessen eigene Schöpfer- und Vaterliebe vor! Abrahams Mut wächst an der Gnade Gottes. Sechsmal wiederholt sich das. Sechsmal: Das ist das Menschen-Mögliche. Sechs Tage sollst du arbeiten. Sechs Tage sollst du das Menschen-Mögliche versuchen. Sechs Tage lang ist dein Einsatz für die Schöpfung, die Mitwelt, die Mitmenschen gefragt, für die Guten und die Schlechten, für die Lieben und die Bösen.

Der siebte Tag aber gehört Gott. Es gibt eine Grenze menschlicher Einsatzmöglichkeiten. Was aber kommt dann? Was geschieht, wenn das Menschenmögliche getan ist, wenn die Möglichkeiten des Menschen sich erschöpft haben?

Entr' acte

Wir resümieren: Die Menschengemeinschaft — reden wir der Einfachheit halber von jener in Sodom — hat sich selber pervertiert. Sie ist zu keiner Solidarität mehr fähig und deshalb auch nicht mehr zu einer Gemeinschaft mit Gott in der Lage. Der nicht mehr zur Gemeinschaft willige oder fähige Mensch hat damit seine in der Schöpfungsgeschichte zugesprochene Bestimmung verloren. Was noch übrig bleibt, ist eine stete Bedrohung für den Rest der Schöpfung. Also: Weg damit!

„Stopp!", ruft einer, der es aus Erfahrung weiß. „Es gibt doch nicht nur das Prinzip der Gerechtigkeit. Es gibt doch auch das Prinzip der Gnade."

Der Sinn dieser Geschichte

Was ist denn der Sinn dieser Geschichte?

Mögliche Deutung Nummer eins: Gott handelt gerecht! Fazit: Wenn Gott immer nach dem Prinzip der Gerechtigkeit handelt, stellt sich schon die Frage, weshalb wir Menschen eigentlich immer noch hier sind – als permanente Bedrohung seiner Schöpfung nota bene, als Wesen, die zu einem schöpfungsgemäßen Zusammenleben in einer überzeugenden Solidargemeinschaft nicht in der Lage zu sein scheinen.

Mögliche Deutung Nummer zwei: Weil Gott ja nicht die Menschen in aller Welt umbringt (Abraham und die Seinen kommen davon), könnten wir davon ausgehen, dass es eben die einen trifft, die Gott Wohlgefälligen aber kommen davon; das war ja schon auf der Arche so. Fazit: Es ist darauf zu achten, immer auf der richtigen Seite zu stehen, damit im schlimmsten Fall (worst-case-Szenario!) ein Platz auf der Arche garantiert ist.

Aber – wo ist der Platz auf der richtigen Seite? Abraham zeigt ihn uns. Dieser Platz ist keinesfalls dort, wo die unbeteiligten, die sich ihrer Gottzugehörigkeit sicheren Zuschauer sitzen oder stehen. Er ist dort, wo Engagement für die Schlechten, für die Ungeliebten, für die Ungerechten gefragt ist. Mit einem Satz gesagt: Dort ist der richtige Platz, wo gegen Unrecht und Schlechtigkeit protestiert und gleichzeitig Verständnis und Langmut für die Ungerechten und Schlechten eingefordert wird.

Der Aufschrei, der Protest gegen das Böse, gegen das Schlechte und gleichzeitig die Hinwendung zum Menschen, der für das Böse und Schlechte verantwortlich ist, hat in diesem Erzählabschnitt einen Namen: Abraham. Er bleibt in der Bibel Programm und gipfelt schließlich im anderen uns bekannten Namen: Jesus Christus.

Hin zur Gemeinschaft!

Und der Herr sprach: ich will hinab und mir dieses ansehen.

So lasen wir. Dass er zunächst Abraham begegnete zeigt uns an, dass Gott Menschen wie Abraham sucht. Er sucht solche, die sich einerseits an der Gerechtigkeit orientieren, anderseits aber auch unerschütterlich an die Gnade glauben. Denen wendet er sich zu. Sie nimmt er hinein in seine Pläne mit der Schöpfung und den Geschöpfen. Es kommt ihm auf jeden Einzelnen an. Aber – wie die Geschichte es zeigt –: *ein* Gerechter kann die Stadt nicht retten. Es braucht die Gemeinschaft derer, die sich an Gottes Gerechtigkeit *und* an seiner liebenden Zuwendung zu seiner Schöpfung und zu den Geschöpfen orientieren. Hätte es sie damals gegeben, diese Gemeinschaft der Wenigen, die gegen das Unrecht und das Böse der vielen Einzelnen aufgestanden wären – Sodom wäre stehen geblieben. Aber es gab sie nicht, die paar wenigen, die zur rettenden Gemeinschaft fähig gewesen wären! Es gab nur Einzelne, nur solche, die sich an sich selbst, an ihren selbst gesetzten Zielen, an der Gewinnmaximierung orientierten. In Sodom gibt es sie nicht mehr, die Solidargemeinschaft. Oder anders herum: Wo es die Solidargemeinschaft nicht mehr gibt, ist Sodom.

Inmitten der Menschen, welche so einer Predigt wie dieser zuhören, könnte die Gewissheit wachsen: *Wir! Wir sind doch Gemeinschaft!* Dazu können wir nur sagen: Welch ein Zeichen der Hoffnung! Aber auch: Welch ein Auftrag! Es geht um nicht mehr und nicht weniger als um unsere Stadt, um unser Land, um unsere Welt, die Schöpfung und die Geschöpfe.

Der Aufschrei gegen alles Böse und gegen das die Gemeinschaft Zerstörende ist uns aufgetragen — ebenso wie die Liebe zu allem Geschaffenen. Wer auf dieser Seite steht, steht in der Tradition Abrahams und Jesu.

Zum Reformationssonntag

Und er tat seinen Mund auf und lehrte sie: Selig sind die Armen im Geist –
ihnen gehört das Himmelreich. Selig sind die Trauernden – sie werden
getröstet werden. Selig die Gewaltlosen – sie werden das Land erben. Selig,
die da hungern und dürsten nach der Gerechtigkeit – sie werden gesättigt
werden. Selig die Barmherzigen – sie werden Barmherzigkeit erlangen.
Selig, die reinen Herzens sind – sie werden Gott schauen. Selig, die Frieden
stiften – sie werden Söhne und Töchter Gottes genannt werden. Selig, die
verfolgt sind um der Gerechtigkeit willen – ihnen gehört das Himmelreich.

Matthäus 5, 2-10

Sag' etwas Neues!

Zunächst dies: *Seligpreisung* schreibt sich nur mit einem *e*. Wir wünschten uns manchmal, dass es mit
zweien geschrieben würde oder mit dreien oder vie-
ren…: *seeeelig*. 1895 wurde das Singspiel *Der Evangeli-
mann* in Berlin uraufgeführt. Daraus bekannt ist eigentlich nur ein Lied; es wird noch ab und zu in
Wunschkonzerten verlangt. Vermittels dieser Melodie
gelingt es, ein Wort, das seinen Platz im Evangelium
hat, unmittelbar am Grenzübergang zum Kitsch zu
platzieren. Ein Kinderchor zwitschert: *Selig sind, die*
Verfolgung leiden, denn ihrer ist das Himmelreich. Unter
dem Zuckerguss verborgen lässt sich erahnen, was
man sich eben so gemeinhin unter Seligkeit vorgestellt hat: Ein Leben jenseits des Weltschmerzes,
jenseits aller Drücke – kurz gesagt eben: eher ein dem
Jenseits als dem Diesseits zugewandtes Leben. Das
Wörtchen *Seligkeit* wird hie und da fälschlicherweise
mit dem Begriff *Seele* in Verbindung gebracht. Weil
wir uns die Heilung des Seelenschmerzes als Seligkeit
vorstellen, liegt die Verwechslung nahe.

Wohl nicht zuletzt deshalb versuchten Bibelüberset-
zer, den Begriff *selig* im Neuen Testament durch Syn-
onyme zu ersetzen. Eduard Schweizer: *Heil denen…*
Die Gute Nachricht: *Freuen dürfen sich…* Jörg Zink:

Glücklich sind... Hans Weder erinnert sich an den ersten Vers des Psalters: *Wohl dem Manne...* Und eine Predigthilfe zu diesem Text empfiehlt, der Gemeinde *unbedingt etwas Neues* zu sagen. Gerne doch! sagte ich mir. Aber was?

Wer das Neue sagen will, muss sich zunächst auch klar machen, was denn das Alte, das also nicht mehr zu Sagende, wäre. Dem ganz Alten – dem haben wir uns gerade einigermaßen ausführlich zugewandt. Das Alte im Zusammenhang mit den Seligpreisungen ist, dass wir zuerst vom Menschen reden, vom Menschen, der getrieben ist von seinen Sehnsüchten nach Seligkeit, vom Menschen mit seinem Seelenschmerz. Das Alte, bereits Gesagte, liefe dann etwa darauf hinaus: Sei froh oder zumindest dankbar für alles, was dir weh tut – diesseitiger Schmerz ist die beste Kapitalanlage auf deinem Jenseitskonto. Seid nett zueinander und meidet Konflikte – irgendjemand wird sie schon für euch lösen oder vielleicht löst sich alles von selbst. Und vor allem: Denkt nicht zuviel nach, denn Denken macht unglücklich – und Kritiklosigkeit macht selig. Das also wäre das Alte – zugegeben: ich überzeichnete ein wenig!

Und nun das Neue: Wir reden als erstes nicht über uns selbst und unsere Sehnsüchte. Wir reden als erstes von Gott. Von Gott reden? Zum Beispiel so:

Gott plant den Bau eines Hauses – selbstverständlich eines Mehrfamilienhauses, denn er liebt weder die Zersiedelung der Landschaft noch die Tatsache, dass sich die Menschen in ihrem Bedürfnis nach Individualisierung an sich selbst und an die schleichende Vereinsamung verlieren. Und nun macht er sich Gedanken darüber, welche Grundstimmung in diesem Haus herrschen und das Zusammenleben bestimmen soll. Wer wird in dem Haus wohnen, das Gott plant und baut? Wer sind die Bewohnerinnen und Bewohner? Und nun kommt's: Die Seligpreisungen könnten so etwas sein wie die Hausordnung in Gottes Überbauung, in der Familien mit Kindern, Künstler, selbständige Alte und solche, die Betreuung brauchen, Gewerbetreibende, eine gemütskranke IV-Bezügerin, Menschen aus Afrika, dem Balkan und solche, die von ihren Villen am rechten Ufer des Zürichsees hierher umgezogen sind, und noch viele, viele mehr ihre Heimat gefunden haben. Gott baut verdichtet! Hier steht ein Haus, in dem – wie Jesus es jeweils sagte – das Reich Gottes, Gottes neue Welt in die Menschennähe gekommen ist.

Die Seligpreisungen als untaugliches Mittel, etwas erreichen zu wollen

Nun drängt sich vielleicht die Frage auf, was denn an der Hausordnung in der von Gott geplanten Neuüberbauung so anders sei. Die Antwort heißt kurz und bündig: *Alles ist anders*! Hausordnungen strukturieren in der Regel das Zusammenleben, in dem sie ordnend verbieten, was das Zusammenleben stört. Eine Hausordnung geht davon aus, dass der Mensch immer wieder meint, alles, was nicht verboten sei, sei erlaubt. Oder anders herum gesagt: Von Menschen aufgestellte Ordnungen orientieren sich an den menschlichen Lebensprinzipien. Die lassen sich zum Teil ebenso gut auswendig lernen, wie die Seligpreisungen. Eines dieser Prinzipien lautet: *Auf groben Klotz 'nen groben Keil; auf einen Schelmen – anderthalben*. Oder ein anderes: *Tue recht und scheue niemand.* Oder: *Jeder ist seines Glückes Schmied.* Oder: *Von nichts kommt nichts.* Oder: *Man macht kein Omelette, ohne das Ei zu zerschlagen.* Und vor allem: *Ohne Fleiß kein Preis!* Ich möchte den Manager kennen lernen, der die Seligpreisungen zum Prinzip der Konzernführung macht! Ich möchte den Politiker kennen lernen, der sein Konterfei mit einer Seligpreisung versehen als Wahlplakat durchgehen lässt!

Der langen Rede kurzer Sinn: Die Prinzipien Gottes, nach denen er seine neue Welt ordnet oder – um bei unserem Bild zu bleiben – nach denen er sein Haus einrichten und beleben will, stehen den Prinzipien, mit denen Politik, Wirtschaft und Gesellschaft die jeweiligen Weltzeiten ordnet, diametral gegenüber. Mit Fug und Recht können wir behaupten: Gottes Welt ist eine andere Welt als die, welche die vom Gedanke an ein Dauerwachstum beseelte Menschheit im Laufe der letzten hundert Jahre baute und immer noch zu bauen (oder zu *ver*bauen?) im Begriff ist.

Reformation

Den Reformationssonntagtag feiern wir also. Da stellt sich nun die Frage, wie das, was über die Seligpreisungen zu denken und zu sagen ist, in einen Zusammenhang zu diesem seinerzeitigen Erneuerungsvorgang in der Kirchengeschichte gebracht werden kann. Zunächst sicher dies: Die Reformation ist vertan, wenn sie vor allem Stoff zu Gedenkanlässen bietet und nur als Gelegenheit genutzt wird, endlich wieder einmal Luthers *Ein feste Burg ist unser Gott* zu singen. Wesen der Reformation war auch nicht einfach, dass einer oder mehrere genug hatten von alten Zöpfen. Das Wesentliche war, dass man die Vorgaben, die Umstände, die Ansprüche einer Weltzeit ausmaß an den Vorgaben dessen, was die Bibel von Gottes neuer Welt zu sagen weiß. Dieses reformatorische Prinzip lässt sich auch heute noch anwenden. Man kommt hinsichtlich der Beurteilung der heutigen Umstände, in denen wir leben, sicher zu anderen

Schlüssen, als das bei den uns bekannten Reformatoren der Fall war. Aber die Einladung zur Auseinandersetzung mit dem allem, was in einer Epoche oder einem Äon Respekt verlangt – sei dies die Politik, die Wirtschaft und auch all das, was eine Gesellschaft zum Hauptthema gemacht zu haben scheint –, bleibt reformatorischer Anspruch.

Was hat Jesus mit dieser Geschichte zu tun?

Und nun noch die Frage: Wo platzieren wir den Erzähler in der ganzen Geschichte, Jesus? Mit einem Wort gesagt: Er war der Selige! Es gibt Sätze, die werden erst wahr, weil Jesus sie sagte – und dies deshalb, weil er mit seinem Leben und Sterben dem Gedachten und dem Gesagten den Wirklichkeits- und Wahrheitsbezug gab. So wahr, wie diese Sätze aus dem Mund Jesu, können die Seligpreisungen nie klingen, wenn Menschen sie sprechen, um sich gegenseitig zu moralischen Höchstleistungen zu verpflichten. Deshalb mein Vorschlag, der zumindest an einem Reformations-Gedenktag so geäußert werden darf: Wir benutzen die Seligpreisungen nicht als einen Katalog für die persönliche Spiritualität. Und wir missbrauchen sie auch nicht, um uns gegenseitig ein Verhalten abzufordern, das uns nur wieder in die Überforderung treibt und Schuldgefühle auslöst. Wir lesen und hören die Seligpreisungen als eine Richtschnur für die Kirche, eine Richtschnur für das Leben in der Gemeinschaft im Namen Jesu, welches sie, die Kirche – mal öfter, mal weniger – in den Konflikt mit ihrer jeweiligen Weltzeit bringt. Wenn das Gottesreich in unsere Nähe gekommen ist, wie Jesus predigte, dann ist es unser Anliegen und unser Auftrag, Weltreich und Gottesreich aneinander auszumessen und dort aufzubegehren, wo die Ideen Gottes verraten werden oder bedroht sind. Bonhoeffer schrieb in seinem Buch *Nachfolge* im Hinblick auf die Kirche und ihren Herrn: *Mit ihm verlor sie alles und mit ihm fand sie alles.* Die Quintessenz dieses Gedankens: Die Kirche profiliert sich nicht durch das, was sie in der Welt leistet, denn das wäre wieder: Sich ausrichten an den Prinzipien unserer Weltzeit. Die Kirche profiliert sich dadurch, dass sie den Raum schafft, in dem der Mensch Mensch sein darf, wo nicht Bedingungen formuliert werden, sondern die vorbehaltlose Zuwendung Gottes zu den Menschen das Zusammenleben formt. Kirche wird ein Ort sein, wo mehr Gelassenheit und entschieden weniger Hektik erlebt wird! Verlustängste werden nicht mehr sein. Das Vertrauen bestimmt alles.

Zum Schluss ein Gedicht von Lothar Zenetti, gleichsam als reformatorisches Sendwort:

Das Kreuz des Jesus Christus durchkreuzt was ist
und macht alles neu

Was keiner wagt, das sollt ihr wagen
was keiner sagt, das sagt heraus
was keiner denkt, das wagt zu denken
was keiner anfängt, das führt aus
Wenn keiner ja sagt, sollt ihr's sagen
wenn keiner nein sagt, sagt doch nein
wenn alle zweifeln, wagt zu glauben
wenn alle mittun, steht allein
Wo alle loben, habt Bedenken
wo alle spotten, spottet nicht
wo alle geizen, wagt zu schenken
wo alles dunkel ist, macht Licht

Das Kreuz des Jesus Christus durchkreuzt was ist und
macht alles neu

Drittletzter Sonntag im Kirchenjahr

Eine unerhörte Geschichte (Lukas 18, 1-8)
Erzähltes sollte man erzählen, dachte ich, als ich den Text für diese Predigt las. Deshalb erzähle ich die Geschichte, die Jesus erzählte, einfach nach.

Erzählen heißt allerdings, dass man nicht Auswendiggelerntes wiedergibt. Wer erzählt, verbindet die Geschichte mit eigenen Erfahrungen, mit dem eigenen Leben und Erleben. Und so erzähle ich also eine Geschichte, in der Menschen sich nicht einfach damit zufrieden geben, dass die Welt so ist, wie sie ist, eine Geschichte von Menschen, welche in ihrem Fragen und Hinterfragen immer wieder Gott ins Spiel bringen und nicht aufhören, ihn mit in die Verantwortung zu ziehen.

Es war einmal ein Richter, verdorben und korrupt. Seine Urteile fällte er so, dass – wenn immer möglich – für ihn persönlich auch etwas dabei herausschaute. So sah man nicht selten an den Tagen vor den Verhandlungen, wie nacheinander Kläger und Beklagte das Haus des Richters aufsuchten. Hätte man durch die Fenster geschaut, hätte man sehen können, wie bei solchen Anlässen prall gefüllte Geldbeutel über den Tisch geschoben wurden. Wer dem Richter nichts bieten konnte, wartete jahrelang auf den Prozess oder konnte ihn schon zum Vornherein verloren geben. Wen wundert's, dass es in dieser Stadt eine Sehnsucht nach Gerechtigkeit gab, namentlich in Armenvierteln, wo die Zukurzgekommenen hausten, die Tagelöhner, die Kranken, die Witwen und Alleinerziehenden oder die aus der Gesellschaft Herausgefallenen.

Zwar hatte man Gesetze und ihre Ordnungen. Aber die Stellen, wo entschieden wurde, waren eben nicht die Rathäuser, sondern die Geldinstitute. Verfassung und Wirklichkeit klaffen auseinander, wo das Kapital König und der Neoliberalismus Hohepriester ist.

Es war einmal ein Richter – so richtig nach Berlusconis Geschmack, könnte man meinen.

An diesem Ort lebte eine Witwe. Irgendjemand verweigerte ihr das ihr zustehende Recht; ich weiß nicht mehr, worum es sich handelte. Aber als Frau war sie den Ränken und den schlechten Absichten der in der Gesellschaft herrschenden Männer schutzlos ausgeliefert. Ich gehe davon aus, dass sie auch Kinder durchzubringen hatte, und um diese nicht dem Hunger und großem Elend auszuliefern, wandte sie sich an den bereits beschriebenen Richter. Nur eben: Sie hatte nichts in der Hand als das an ihr geschehene Unrecht! Davon konnte sich der Richter keine Zweitwohnung im Bündnerland kaufen, und so ließ er die Akte dieser Frau zunächst einfach einmal liegen. Aber was für den Richter nur eine lästige Bagatelle war, war für die Frau eine Existenzfrage. Sie konnte nicht warten bis zum St. Nimmerleinstag und klopfte deshalb zu wiederholtem Mal beim Richter an. Offenbar tat sie es mit einigem Nachdruck. Ich stelle mir vor, dass sie zur Zeit und zur Unzeit sowohl im Büro als auch in der Villa des Richters vorsprach, ihm auch auf der Straße abpasste und ihm auf dem Weg in die Kanzlei, bei seinen abendlichen Spaziergängen und wenn er aus dem Restaurant trat mit ihrem Ruf nach Recht ihn den Ohren lag. Richtig aufsässig war die! Und dann geht die Geschichte völlig unerwartet aus – das heißt: nur für jene Zuhörerinnen und Zuhörer, welche die Geschichte noch nicht kennen. Diese haben nämlich den Vorteil, dass sie über einer biblischen Geschichte noch in ungläubiges Staunen ausbrechen können: Der Richter lässt die Klage der mittellosen und deshalb auch rechtlosen Frau zu und behandelt ihren Prozess.

„Nanu", staunt da des Richters Frau, „hast du dich plötzlich bekehrt?"

„Keine Spur!", grinst der. „Ich wollte endlich meine Ruhe haben. Ich habe dieser Frau nur Recht verschafft, damit sie endlich Ruhe gibt und nicht noch kommt und mir die Augen auskratzt. Keine Angst: Ich bleibe, wie ich bin!"

Wozu soll diese Geschichte gut sein? Was wollte Jesus damit aussagen? In Lukas 18, 1 steht es am Anfang dieser Geschichte so: *Er erzählte ihnen ein Gleichnis, um ihnen zu sagen, dass man allezeit beten müsse und nicht nachlassen dürfe.*

Der verhängnisvolle Schluss wäre dann – nachdem ich die Geschichte mit meinen Worten erzählt habe: Wer nicht erhört wird, hat nicht genug gebetet!

Wer gerne einfache Antworten auf komplexe Fragen hat, dem mag diese Erkenntnis genügen. Zwar lädt das Gleichnis tatsächlich dazu ein, Probleme vor Gott zu bringen. Aber die Spannung ebbt nicht ab dort, wo die Beterin sagen könnte: „Nun habe ich Gott alles gesagt, was mich an Unrecht bedrückt; jetzt ist es *sein* Problem, nicht mehr meines!" Das Problem, um dessentwillen Jesus diese Bildrede zum Besten gibt, ist uns bekannter, als wir es vielleicht wahrhaben wollen; es heißt:

Ich habe gebetet. Ich habe mich vor Gott für einen Veränderung eingesetzt. Aber es hat sich nichts bewegt.

Wo bleibt die Gerechtigkeit?

Wir ahnen, wie die Rollen in diesem Gleichnis verteilt sind: Die Witwe steht für die auf Gottes Gerechtigkeit wartende Menschheit. Soweit, so gut. Aber wo und wer ist denn Gott in dieser Geschichte? Es widerstrebt uns als fromme Predigthörer und Predigthörerinnen natürlich, den Richter als *den* zu sehen, der die Rolle von Gott spielt. *So ist Gott nicht!* Aber, Hand aufs Herz: Haben wir – ganz privatim und ohne jemandem davon etwas zu sagen (man will sich ja nicht das Urteil eines zu schwächlichen Glaubens einhandeln!) – nicht ab und an doch den Eindruck von Gott, gerade *so*, gerade *so* sei er? *Er wollte aber nicht*

Recht schaffen... So steht in der Bibel über den Richter zu lesen. Hier ist unsere Erfahrung aufgenommen, ob wir das gerne zugeben oder nicht: Die verheißene, die angekündigte, die zugesagte und deshalb erhoffte Gerechtigkeit bleibt aus! Wer Zeitung liest, Nachrichten sieht oder hört, empfindet das jeden Tag: Die Gerechtigkeit bleibt aus! Diese Empfindung haben Menschen, welche das Tagesgeschehen als ein Ereignis auf der Basis von Ursache und Wirkung verstehen genauso, wie Menschen, welche die Weltgeschichte als einen von Gott gelenkten Ablauf interpretieren. Betende und Nichtbetende leiden am gleichen Manko:

Es gibt keine Gerechtigkeit!

Wo wären wir, wenn es Gerechtigkeit gäbe?

Nun stelle ich mir allerdings auch manchmal die andere Frage: Wo wären wir, wenn es diese Gerechtigkeit gäbe, welche wir von Gott einfordern? Was kostete es uns, wenn denn plötzlich den Arbeitern auf den Kaffee- und Bananenplantagen gerechte Löhne bezahlt würden? Könnten wir die Kleider noch bezahlen, welche in asiatischen Billiglohnländern hergestellt werden? Es gäbe noch manche Frage dieser Art zu stellen. Wir stellen für den Moment nur diese: Wer verhindert eigentlich Recht und Gerechtigkeit? Und wer ist bereit, den Preis zu bezahlen für Recht und Gerechtigkeit in dieser Welt? Sind wir denn wirklich nur vergleichbar mit der bittenden Witwe in der Geschichte? Sind wir nicht auch dort zu suchen, wo die dunklen, im Gleichnis nicht erwähnten Hintermänner stehen, die davon profitieren, dass jene Strippenzieher in Wirtschaft und in Politik das Recht verzögern und verhindern?

Und trotz allem – und das ist der Inhalt dieser Erzählung aus dem Lukasevangelium –, trotz alledem gehen wir auf die Gerechtigkeit zu. Oder besser noch: Sie kommt auf uns zu. Denn das ist eine unüberhörbare Aussage: Wenn schon der denkbar korrupteste Richter schließlich Recht schafft, wieviel mehr dann Gott, der Tag und Nacht offene Ohren hat für die, welche das Unrecht vor ihm beklagen.

Gebet sucht Gerechtigkeit

„Aber", so fragt Jesus am Ende der Geschichte, „wollen die Menschen die Gerechtigkeit überhaupt?" (Wortlaut in Vers 8: *Wenn der Menschensohn kommen wird, wird er dann Glauben finden auf Erden?*). Die Frage nach der Gerechtigkeit wird mit der Frage nach dem Glauben verknüpft. Und sie lässt sich beantworten mit einem Blick auf die hartnäckige Frau: Glaube manifestiert sich dadurch, dass Ungerechtigkeiten nicht einfach hingenommen, dass ungerechte Strukturen hinterfragt werden. Glaube nimmt Teil an der Geschichte Gottes, deren Dynamik auch darin erkennbar ist, dass noch nicht alles in ein Happyend ausmündet.

In dieser Spannung entsteht das Gebet, zu dem Jesus mahnt. Und in dieser Spannung ergibt sich auch die Antwort auf die Frage nach der Erhörung der persönlichen Gebete, die nicht einfach dann die größeren Chancen haben, wenn intensiver und nachdrücklicher gerufen wird. Der Inhalt der Gebete soll sich decken mit den Absichten Gottes, die er für seine Welt hat. Auf das läuft's bei diesem Gleichnis hinaus: Fügt euch mit eurem persönlichen Bitten ein in die Ziele Gottes. Fragt bei allen persönlichen Anliegen auch immer, was sich in der Welt an Ungerechtigkeit und Gottwidrigem abspielt und: Seid dagegen!

Widersprecht der Ungerechtigkeit! Hinterfragt die miesen Machtspiele jener, die für sich in Anspruch nehmen, das Sagen zu haben und vorgeben, die Stimme des Volkes zu vertreten. Und erinnert Gott daran, dass euch das Unrecht keine Ruhe lässt.

Beten hat also mit der Suche nach Gerechtigkeit zu tun.

Wer betet, tritt für das Leben ein; wer für das Leben eintritt, betet.

Wer betet, strebt nach Gerechtigkeit; wer für Gerechtigkeit eintritt, betet.

Wer mit Gott redet und rechtet, tut das Gerechte; und deshalb auch: wer das Gerechte tut, hört nicht auf, mit Gott zu reden und zu rechten.

Die Witwe in der Geschichte Jesu tat's. Wenn wir in der Geschichte Jesu drin bleiben wollen, sollten wir es ihr gleichtun.

Zum Abschied von Frieda G.

Gott sagt: Fürchte dich nicht, denn ich habe dich erlöst, ich habe dich bei deinem Namen gerufen, du gehörst zu mir.   Jesaja 43, 1

Frieda G. ist gestorben. Gott hat sie bei ihrem Namen gerufen. Aber: Sie war gehörlos. Hat sie gehört, wie er rief? Und wie sollte sie antworten? Denn sie war stumm. Taubstumm sagte man früher – nicht in der Lage zu hören, nicht in der Lage zu reden.

Diese Bemerkung muss gleich relativiert werden. Wir in ihrer Umgebung gingen davon aus, dass sie uns noch ein bisschen hören könne und schrieen sie an. Und wir vernahmen oder vermuteten – manchmal mit Mühe – was sie uns sagen oder antworten wollte. Oft allerdings auch: Wenn sie uns anrief, hörten oder verstanden wir nicht oder verstanden schlecht. Und wenn wir ihr etwas klarmachen oder weismachen wollten, verstand sie uns nicht. Oder schien uns nicht zu verstehen. Oder wir glaubten, sie wolle uns nicht verstehen.

Missverständnisse waren Programm.

Nun ist alles Missverstehen vorbei. Jetzt erst scheint das Bibelwort seine volle Gültigkeit zu erlangen: *Ich habe dich erlöst.*

Muss man also zuerst sterben, wenn man erlöst werden will? Ich habe da meine Zweifel.

Der Text setzt eine Klammer: *Fürchte dich nicht* und *du gehörst zu mir.* Um sich nicht zu fürchten und um jemandem zugehörig zu sein, muss man nicht erst sterben. Erlöstes Leben wäre – wenn wir der Logik des Textes folgen wollen –, ein Leben, das erstens nicht von der Angst regiert wird und zweitens sich irgendwohin oder irgendjemandem zugehörig fühlt.

Und deshalb bin ich mir nicht so sicher, dass erst der Tod die Erlösung für eure Schwester und unsere Tante war. Denn ihr Leben war weniger von Angst bestimmt als dasjenige vieler Menschen in ihrer Umgebung. Das ist mehr als eine Ahnung. Warum ich mir so sicher bin? Sie sang! Bisweilen sang sie! Nicht so, dass wir es schön gefunden hätten. Aber so, dass, wer es hörte, berührt war. An den Abenden, an denen sie in der Wohnung, die sie zusammen mit ihrer Mutter teilte, sang, war sie wohl zufrieden – zufrieden mit dem Tagewerk, denn sie hatte als Glätterin in der Uniklinik gearbeitet und brachte einen Verdienst nach Hause. Dieser Verdienst ermöglichte ihr und ihrer Mutter ein Leben in einfacher Sicherheit – oder in sicherer Einfachheit, vor allem aber, in einer würdigen Unabhängigkeit. Dieser Verdienst sagte ihr: Ich bin ein Mitglied dieser Gesellschaft. Mit mir ist zu rechnen. Wenn ich nicht bügle, liegt irgendeine Patientin auf verknüllten Tüchern, geht irgendein Arzt mit verknittertem Kittel zur Visite. Das mit den Patientinnen auf verknüllten Tüchern hätte sie vielleicht noch hingenommen. Aber ein Arzt mit verknittertem Kittel war für sie eine schwer zu ertragende Vorstellung. Ärzte hatten schön zu sein! Ihr ästhetisches Empfinden war zu einem guten Teil verknüpft mit dem Erscheinungsbild der Ärzte. Auch nach ihrer Pensionierung war sie oft noch in der Cafeteria der Uniklinik anzutreffen. Dort trank sie ihren Kaffee und freute sich an den mit wehenden Kitteln vorbeieilenden Doctores.

Ihre Teilnahme am Leben innerhalb einer Gesellschaft, die ihren Einsatz brauchte, machte sie dem Leben gegenüber erstaunlich wenig ängstlich. Wer am Leben teilnimmt, wer das Leben mitgestaltet, wer sich dem Leben nicht nur aussetzt, hat weniger Angst.

Das Andere zu erklären, das nämlich, dass sie jemandem zugehörig war, ist etwas schwieriger. Denn das ist eine Tatsache: Ihre Behinderung machte sie auch einsam. Zugehörig war sie der Familie, die sich nach dem frühen Unfalltod des Vaters zusammensetzte aus ihren drei Schwestern und der Mutter, welche die Familie zusammenhielt und den Lebensunterhalt mit Waschen und Putzen bestritt. Die drei Schwestern heirateten und hatten Familie. Die Taubstumme nicht. Für Behinderte gehörte es sich nicht, zu heiraten. Aber sie hatte starken Anteil an den Familien ihrer Schwestern. Und sie freute sich an deren Kinder. Eigene Kinder hatte sie natürlich auch nicht. Aber auch das stimmt nicht ganz: Sie hatte ihre Puppen, die sie so sehr liebte, dass sie ihnen einen ungebührlich großen Raum in ihrem kleinen Zimmer im Altersheim gewährte. Nur wer *nicht* liebt, ist niemandem zugehörig.

Sie war für Zuneigung und Freundlichkeiten offen und dankbar. Und sie konnte durchaus auch Freundlichkeiten erwidern. Nur anders halt, als andere es taten. Nur anders halt, als wir es manchmal gerne gehabt hätten. Aber ihre Zugehörigkeit zur Sippe war unbestritten. Sie gehörte dazu.

Manchmal sprach sie vom Himmel. Vom Himmel redete sie, wie andere von einem Chalet im Berner Oberland reden. Der Himmel war ihr erhoffter Anteil an der Zukunft. Sie hatte Bilder in ihrem Kopf. Ich glaube kaum, dass jemand auf die schlechte Idee gekommen ist, ihr diese Bilder ausreden zu wollen. Manchmal beneidete ich sie um die Einfachheit dieser Bilder. So schlicht möchte ich auch hoffen in einer Welt, in der die Hoffnung oft bloß noch darin zu bestehen scheint, dass künftige Katastrophen geleugnet werden. Sie glaubte daran, dass Gott auf sie warte, wie eine Mutter auf ihr Kind wartet, das zu spät vom Schlittschuhlaufen nach Hause kommt.

Sie war aber auch die Projektionsfläche unserer Verstimmtheiten, unserer Mankos, unseres latenten Missbehagens. Sie war es, die unsere Zeit beanspruchte. Sie war es, die unsere Fürsorge zu benötigten schien und es an der von uns erwarteten Dankbarkeit oft fehlen ließ. Sie war es, die mit unserem Geld ihren Kaffee trank, nachdem sie ihr Erspartes auf ihre, von uns nicht immer gebilligte Weise aufgebraucht hatte. Sie war es, die mit ihren sichtbaren Begrenzungen uns unsere oft nicht eingestandenen Begrenzungen bewusst machte. Nun stirbt mit ihr auch ein Mensch, auf den zu einem Stück unsere eigenen kleineren und größeren Hoffnungslosigkeiten übertragbar waren.

Jetzt sind wir traurig. Wir sind traurig, weil ein Mensch, der immer da war, nicht mehr da ist. Wir sind traurig, weil wir einen Verlust empfinden. Aber wir sind auch traurig, weil wir jenen Teil unserer Mankos, unserer Ängste, unserer Begrenzungen auf einmal nicht mehr delegieren können und sehr stark als einen Bestandteil des eigenen Lebens empfinden. Sie mit ihrer offensichtlichen Behinderung ist nicht mehr. Wir mit unseren oft nicht eingestandenen Begrenzungen sind noch und müssen sehen, wie wir damit zurechtkommen. Sie, die Empfängerin unserer Fürsorge, aber auch unserer Versuche, ihr Leben zugunsten ihrer Mit- und Umwelt zu korrigieren und auf die Bedürfnisse ihrer Umgebung auszurichten, sie ist nicht mehr. Wir aber, mit all unseren Ängsten, wie wir in unserer Umwelt zurechtkommen sollen, wir bleiben noch ein Weilchen. Wir bleiben, und mit uns bleiben unsere Ängste vor dem eigenen Leben. Wir gehörten auch gerne zu denen, die sich nicht zu fürchten brauchen und die jemandem zugehören. Wären wir es, hätten wir es – wir wären wie erlöst!

Weshalb sind wir nicht erlöst – zumindest erlöster? Wir sind doch Beheimatete. Und wenn wir meinen, es noch nicht zu sein, sollten wir wenigstens davon ausgehen, dass uns Heimat erwartet, wie ein Chalet im Berner Oberland. Und wir reden von einem und glauben an einen Gott, der ein Gegner der Angst ist. Überall, wo wir uns den Ursachen der Angst entgegenstellten, wären wir Befreite, befreit dazu, das Leben zu gestalten oder zumindest mitzugestalten.

Beheimatet sind wir. Und befreit sind wir. Wo wir es glaubten, wären wir erlöst.

Zum Ewigkeitssonntag

In den letzten Tagen der Welt werden Spötter, deren Lebenswandel ihre Haltlosigkeit anzeigt, mit höhnischen Reden daherkommen und fragen: Wo ist denn die versprochene Rückkehr des Christus und das Reich Gottes? Die Väter sind weggestorben, und es blieb alles, wie es seit Anfang der Welt gewesen ist! Denen, die so reden, entgeht, dass es einst einen Himmel und eine Erde gab, die ihr Urelement im Wasser hatten und aus dem Wasser hervorgingen, als Gott es mit seinem Wort befahl. Aber diese frühere Welt ging in der Sintflut zugrunde. So ist die jetzige Welt durch einen Befehl Gottes für das Feuer vorgesehen. Am Tage des Gerichts, der für die eigenmächtige Menschheit ein Tag des Untergangs sein wird, wird es geschehen. Und ferner dürft ihr nicht vergessen, dass ein Tag bei Gott wie tausend Jahre und tausend Jahre wie ein Tag sind. Es ist ja nicht so, dass der Herr zögerte, sein Versprechen einzulösen, wie einige meinen! Vielmehr hat er Geduld mit uns, und will nicht, dass jemand verloren geht, sondern alle Menschen Gelegenheit erhalten, ihre Gesinnung zu ändern. Der Tag des Herrn aber wird unversehens kommen wie ein Dieb. Dann werden die Himmel mit einem Schlag zunichte werden, die Himmelskörper werden in einem ungeheuren Weltbrand verglühen, aber Gott wird die Erde finden und alles, was auf ihr geschehen ist, um sein Urteil zu sprechen.

Wenn nun alles so ganz und gar dem Untergang geweiht ist, wie sehr muss euch daran liegen, ein Leben zu führen, das Gottes Willen gemäß ist und ihm gefällt. Wie sehr müsst ihr den Anbruch seines Tages erwarten und ersehnen, an dem der Kosmos im Feuer zergehen und die Sterne verbrennen und zerschmelzen werden.

Wir erwarten aber, weil wir uns auf sein Wort verlassen, einen neuen Himmel und eine neue Erde, in denen Gerechtigkeit wohnt.

2. Petrus 3, 3-13, in einer Übertragung

Der 2. Petrusbrief bietet eine Beschreibung des Weltuntergangs. Bis vor rund 100 Jahren waren Vorstellungen vom Weltuntergang den antiken, biblischen Beschreibungen nicht unähnlich: *Dass* die Welt untergehen könnte, war durchaus eine Option. Aber *damit* dies geschehen könne, brauche es irgendein kosmisches Ereignis.

Dann organisierten debile und senile Herrscher Europas den 1. Weltkrieg. Dieser trug zumindest bei zu einer Ahnung von dem, was der Mensch an zerstörerischem Potential aufzubringen in der Lage ist. Gegen Ende des 2. Weltkriegs schließlich wurde der endgültige Nachweis erbracht: Der Mensch kann es! Er selbst kann den Weltuntergang herbeiführen. In Hiroshima und Nagasaki zeigte er es.

Mittlerweile zählt nicht mehr so sehr die Bombe; aktuelle Bedrohungen sind die Umweltzerstörungen durch Übernutzung natürlicher Ressourcen. Wenn wir allenfalls einer fortschrittlichen und fortschreitenden Technologisierung noch einiges Vertrauen entgegenbringen – in die Menschen, welche die technischen Fortschritte verantwortlich zu handhaben hätten, ist das Vertrauen um einiges geringer. So mag ein Atomkraftwerk wirklich so sicher sein, wie die Betreiber es behaupten. Aber die Betreiber – sie sind ein Unsicherheitsfaktor erster Güte. Der Mensch ist nicht in der Lage, mit seiner Vernunft gegen seine Unvernunft anzutreten, beziehungsweise: Die Vernunft der einen vermag nichts gegen die Unvernunft der anderen. Oder gegen die Besitzgier der einen vermag die Bereitschaft zum Sparen der anderen nichts.

Alles in allem: Soviel Ende war noch nie! Wer geschickt mit dem Gefühl der Angst und der Bedrohung umgeht, kann Wahlen gewinnen. Während den einen die Verlustängste der großen und kleinen Leute, die kleinbürgerliche Angst vor dem Fremden und allenfalls eine nationale Identitätskrise zugute kommen, profitiert die anderen von toten Fischen. Wer auch immer jeweilige Wahlen gewinnt, die Ängste werden bleiben. Angst vor dem Ende war. Angst vor dem Ende ist. Angst vor dem Ende wird sein.

Ingeborg Bachmann hat dieses Bewusstsein von Ende in ihrem Gedicht *Enigma* so zum Ausdruck gebracht:

Nichts mehr wird kommen.
Frühling wird nicht mehr werden.
Tausendjährige Kalender sagen es jedem voraus.
Aber auch Sommer und weiterhin,
was so gute Namen
wie „sommerlich" hat –
es wird nichts mehr kommen.
Du sollst ja nicht weinen,
sagt eine Musik.
Sonst
sagt
niemand
etwas.

Das Gedicht läuft aus im Verstummen: *Niemand sagt etwas!* Wer keine Wege mehr sieht, verstummt. So weit sind wir schon gekommen: Auch die Stimme der Vernunft wird mehr und mehr zum Schweigen gebracht. Unvernunft braucht keine Stimme, keine Worte. Unvernunft kann sich über Taten und Ereignisse definieren – über Kriege zum Beispiel und über den CO_2-Ausstoß oder einen Supergau eines sich selbst zerstörenden Atomkraftwerks. Dazu kommt auch noch anderes, Intimeres, das die Welt nicht zu beeindrucken scheint: Der Patient mit dem vom Krebs entstellten Gesicht. Das misshandelte Kind. Und dann immer wieder: dieses Sterben, dieses Sterben, das endgültige Weggehen von Menschen, an deren Seite wir ein Wegstück gegangen sind. Der Tod: Jedes Mal ein Stück Weltuntergang! Je älter wir werden, desto klarer erkennen wir: Wir sind näher beim Ende als beim Beginn.

Wir denken an all die Menschen, die im Laufe eines Kirchenjahres gestorben sind, in Kliniken, in Heimen oder in ihren Häusern, allein und vereinsamt oder in den Armen eines Menschen an ihrer Seite.

Hinter dem Namen jeder verstorbenen Frau, jedes verstorbenen Mannes, jedes verstorbenen Kindes steht die Biographie eines besonderen Menschen, eines Originals. Nicht immer wissen wir, wie wir angemessen mit unserer Betroffenheit umgehen sollen. Manchmal ist Angst da, manchmal Trauer, sehr viel Trauer. *Du sollst nicht weinen. Sagt eine Musik. Sonst sagt niemand etwas...* schreibt Ingeborg Bachmann in ihrem Gedicht. Sagt sonst wirklich niemand etwas? Ganz am Schluss des verlesenen Weltuntergangtextes aus dem 2. Petrusbrief lesen wir: *Wir erwarten aber, weil wir uns auf sein Wort verlassen...*

Da sagt anscheinend *doch* jemand etwas. Von einem Wort ist die Rede, auf das Verlass sei.

Kurz gesagt: Damals, zu Beginn der Kirchengeschichte, als dieser als Petrusbrief bezeichnete Text geschrieben wurde, war man sich zweier Dinge sicher. Das erste: Die Welt geht in dieser Form, wie wir sie erleben und erleiden, unter. Das zweite: Die Sache Gottes und die Menschen, die sich dieser Sache Gottes anvertrauen, dieser Sache Gottes, wie sie in der Gestalt des Jesus von Nazareth augenfällig wurde, wird Bestand haben.

Das ist die Botschaft, die auf uns gekommen ist. In dieser Spannung drin stehen wir Heutigen nach wie vor: Die Welt geht unter! Die Bedrohungen sind mannigfach. Der Mensch ist zum Spielball der vom Menschen gebrauchten und missbrauchten Mächte geworden. Was den Menschen der Antike beschäftigte, ängstigt auch uns Heutigen: Soviel Ende war noch nie!

Und das, was den Menschen zum Beginn unserer Zeitrechnung tröstete, will auch heute noch trösten:

Wenn es denn eine Hilfe gibt, kommt sie nicht aus uns selbst. Sie kommt aus einer anderen Wirklichkeit, aus der Wirklichkeit Gottes. Wenn sonst niemand etwas sagt, sagt Gott den sich ängstigenden Menschen, dass für die, die sich ihm anvertrauen, ein neuer Himmel, eine neue Erde warte. Wie das sein wird, davon haben wir eine Ahnung. Jesus begann damit, die Welt nach dem Plan eines liebenden Gottes umzubauen. Die Werteverschiebung weg von der Angst hin zum Vertrauen schafft ein neues Menschenbild.

Wem es gelingt, über die das Menschenleben eingrenzenden Mauern der Angst zu blicken, wird sehen, dass es Räume gibt, in denen das Leben trotz Verlust, Ende und Tod lohnt. Die Ewigkeit Gottes hat schon begonnen. Wer ihm vertraut, steht mitten drin.

Zum letzten Gottesdienst der Gemeinde der Evangelisch-methodistischen Kirche Thalwil

Ein Stück Erinnerung zuvor

Am zweiten Weihnachtstag 1864 fand die Einweihung der Kapelle unter der großen Beteiligung der Freunde von Nah und Fern statt. Aus Zürich kamen per Schiff über 100 Personen zur Feier.
Die Weiherede hielt Dr. Nippert über Jesaja 6, 1-8.

So steht's geschrieben in der Geschichte des Schweizer Methodismus. Beinahe 142 Jahre sind seit dem erwähnten Ereignis vergangen. Heute wird zum letzten Mal im Rahmen eines Gottesdienstes der Evangelisch-methodistischen Kirche in dieser Kapelle gepredigt. Soviel ich weiß, wurden verschiedene Personen (Würdenträger?) angefragt, anlässlich dieses Ereignisses hier die Predigt zu halten. Erfahrungsgemäß aber kriegt man eher jemanden für eine Trauung oder eine Einweihung als für eine Beerdigung auf die Kanzel. Dass die Wahl schließlich auf mich fiel, erachte ich trotz meiner eben gemachten Bemerkungen als ein Vorrecht. Und ich will es gleich vorweg nehmen: Ich plane nicht, eine Abdankungsrede zu halten! Den Beweis denke ich dergestalt anzutreten, dass ich über den gleichen Text predige, wie das Dr. Nippert in seiner Einweihungspredigt tat. Allerdings nehme ich ein paar Verse dazu, und den Text lese ich nach einer eigenen Übertragung.

Möglicherweise werde ich überhaupt das eine oder andere etwas anders sagen, als Dr. Nippert es tat. Wer weiß!

Im Todesjahr des Königs Ussia sah ich den Herrn auf einem hohen und emporragenden Thron sitzen. Seine Säume – und nur diese sah ich – füllten den Thronsaal. Die schlangenartigen Seraphen schwebten über ihm, jeder mit sechs Flügeln. Mit zweien bedeckten sie ihre Gesichter (denn niemand kann den Herrn schauen ohne zu vergehen), mit zweien bedeckten sie ihre Blößen und mit zweien flogen sie. Und immer wieder riefen sie einander zu: „Erhaben und mit Worten nicht zu fassen ist Jahwe, der Herr der Heerscharen. Seine Macht füllt die ganze Erde.

Die Grundlagen der Schwellen erzitterten von ihrem lauten Rufen; das Haus erfüllte sich mit Rauch. Da sprach ich: Weh mir, ich bin verloren, denn ich bin ein Mann mit unreinen Lippen und wohne unter einem Volk mit unreinen Lippen; denn meine Augen haben Jahwe, den König aller Welten gesehen! Da flog einer der Seraphen zu mir. Er trug einen glühenden Stein, den er mit einer Zange vom Altar genommen hatte. Damit berührte er meinen Mund und sprach: Damit ist deine Schuld geschwunden und deine Sünden sind vergeben.

Da hörte ich die Stimme des Herrn sagen: Wen soll ich senden und wer soll gehen? Ich antwortete: Herr, da bin ich; sende mich. Da erwiderte er: Geh zu deinem Volk und sage ihm:

> *Hört und hört, aber versteht nicht!*
> *Seht und seht, aber erkennt nicht!*
> *Verstocke das Herz dieses Volkes,*
> *verhärte ihm die Ohren,*
> *und blende ihm die Augen,*
> *dass es mit seinen Augen nicht sieht*
> *und mit seinen Ohren nicht hört,*
> *dass sein Herz nicht einsichtig wird*
> *und es wieder geheilt wird.*

Ich sagte: Bis wann, Herr? Er antwortete: Bis die Städte verheert sind, leer an Bewohnern und die Häuser leer an Menschen, und das Ackerland übrig bleibt als Ödland. Und Jahwe wird die Menschen in die Ferne schicken, und die Verödung wird groß sein inmitten des Landes. Und wenn noch ein Zehntel darin ist, so soll auch dieser wieder der Vertilgung anheim fallen, gleich einer Terebinthe und einer Eiche, von denen beim Fällen ein Stumpf bleibt. Heiliger Same ist sein Stumpf. Jesaja 6, 1-13; eigene Übertragung

Das erste, was sich zum Text sagen ließe: Er ist für bibelungewohnte Zeitgenossinnen und Zeitgenossen zumindest befremdlich. Aber für Bibelleserinnen und -leser auch! Wohin gehört dieser Text? Und was will, beziehungsweise was kann er aussagen? Die große zeitliche Distanz und eine unzugängliche Symbolik machen einen Zugang schwierig.

Ums Jahr 740 vor unserer Zeitrechnung, in einer Zeit des sozialen und religiösen Niedergangs von Israel, bekommt ein der israelitischen Volksgemeinschaft zugehöriger Mann den Auftrag, die Zerstörung des geistigen, politischen und religiösen Zentrums anzukündigen. Und weil dazu die Vorhersage der Tempelzerstörung gehört, des Ortes also, an dem Gottes Gegenwart erlebt werden kann, ist seine Botschaft – unter anderem – auch:

Eure Lebensart wird die Gottferne zur Folge haben.

Das Besondere aber ist, dass der Seher eine Vision hat, die ihn in den Thronsaal Gottes stellt. Da tauchen Wesen auf, die in der Mythologie des Orients in verschiedenen Kulturen beheimatet sind: Die geflügelten Schlangenwesen, die in der Bibel Seraphen genannt werden. Es hat Rauch, welcher auf ein verzehrendes Feuer schließen lässt. Und der für seinen Auftrag gereinigte und gerüstete Prophet wird mitzuteilen haben, dass das Ende der Hütte Gottes bei den Menschen absehbar sei. Hauptsache an dieser großartigen Schau aber ist dies: Jahwe sprengt den Rahmen, welcher ihm durch die Frömmigkeit der Israeliten verpasst wurde. Er ist nicht nur der göttliche Herr eines Volkes, so wie andere Völker eben auch ihre Götter haben. Er stellt sich vor als der Herr der ganzen Welt.

Die Frommen haben zweierlei zu lernen: Gott ist nicht einfach der in der Geschichte, in der Vergangenheit zu Erfahrende, den man sich ins Heiligtum, in den Tempel (oder von mir aus in die Kirche) stellen kann und den man bei Bedarf aufsucht. Er ist der sich je und je in der Gegenwart Ereignende, der sich für den Lebensstil und den Umgang der Menschen miteinander interessiert.

Und das Zweite: Gott ist immer mehr, immer größer als geglaubt. Er ist nie zu erklären, nie in ein alles abschließendes Bekenntnis zu fassen, nie den Dogmen verfügbar. Gott ist immer auch anders. Dieses Ganzanderssein Gottes wird in unseren Bibeln übersetzt und wiedergegeben mit dem Begriff *heilig*.

Die Bedeutungslosigkeit des Tempels

Dieses Anderssein Gottes ist vielleicht der stärkste Eindruck, den Jesaja beschreibt. Die Zeit, in der wir leben, unser kulturelles und gesellschaftliches Umfeld ist in kaum einem Belang vergleichbar mit der Zeit, in der Jesaja seine Vision hatte. Und gerade sie, diese Vision, befremdet uns Heutigen. Aber wir könnten die Geschichte ja einmal von hinten her betrachten. Wenn wir mit der Vision eines unerklärbaren, unanschaulichen, mit Worten nicht zu beschreibenden Gottes wenig anfangen können, begreifen wir das in diesem Text Beschriebene vielleicht besser, wenn wir davon ausgehen, dass wir etwa dort angelangt sind, wo dieser in der Vision eingebaute Verkündigungsauftrag hinweist: Auf das Ende des Tempels.

Ich denke an die beinahe leeren Kirchen, in denen von etwas geredet wird, was den heutigen Menschen kaum zu interessieren scheint. Wenn es denn noch eine Frage nach Gott und nach allfälligen Orten seiner Wirksamkeit gibt: die Kirche scheint dieser Ort nicht mehr zu sein, wo Hilfe und Ausrichtung zur Lebensgestaltung gegeben wird. Die Menschen haben sich in der Gottferne eingerichtet, wie die Füchse in den Trümmern des Jerusalemer Tempels seinerzeit. Die allgemein vorherrschende Erkenntnis ist: Es geht auch so. Der Text nimmt diese Stimmung auf:

Hört und hört, aber versteht nicht! Seht und seht, aber erkennt nicht! Verstocke das Herz dieses Volkes, dass es mit seinen Augen nicht sieht und mit seinen Ohren nicht hört, dass sein Herz nicht einsichtig wird.

Wenn es denn so ist, fragen wir mit Fug und Recht: Wozu braucht es ihn dann noch, den Tempel?

Offenbarung ohne Ende

Wir können die Bedeutungslosigkeit der Kirche beklagen, so wie seinerzeit, 200 Jahre nach dieser Ankündigung, das israelitische Volk die Abwesenheit Gottes beklagte. Und wir können – wie seinerzeit die Israeliten im babylonischen Exil – über den nicht mehr verfügbaren Gott in schließlich doch hilfreiches Nachdenken kommen. Ganz gewiss ist es gut, wenn wir uns Gedanken machen über das Verhältnis zwischen unserer Frömmigkeit und unserem Lebensstil, zwischen unserem Bekenntnis und der Art und Weise, wie wir mit Menschen, den Geschöpfen und der Schöpfung umgehen. Wir können uns fragen, was denn unsere Ohren vernähmen, wenn wir das Hören wieder lernten, was denn unsere Augen sähen, wenn wir das Wahrnehmen wieder einübten.

Hier setzt ein wesentlicher Auftrag der Kirche ein. Sie soll Raum sein, in dem darüber nachgedacht werden kann, dass Gott in einer Zeit und Welt, aus der er sich abgemeldet zu haben scheint, sein Wort ausrichten kann – nicht das Wort, das ihn wieder als den immer schon Gewesenen darstellt, sondern das Wort, das Nachdenken zulässt über einen sich immer wieder anders und sich neu darstellenden und ereignenden Gott.

Der Gott der Gewohnheit, der besucht und bestaunt werden kann wie ein barockes Baudenkmal, hat sich abgemeldet. Räume, in denen er zelebriert werden kann, sind zum Teil obsolet geworden. Dieser Gott, der in immer wieder überraschender und neuer Weise dem nachdenklichen Menschen nahe tritt, beansprucht nach wie vor auch in der Kirche seinen Platz. Aber die Kirche kann sich nicht einfach mehr über ihre zur Verfügung stehenden Räume definieren und so tun, als wäre Gott in ihnen, diesen Räumen, per se zu erleben.

Es geht also darum, offen zu bleiben für die Absichten Gottes mit seiner Schöpfung, mit seinen Menschen. Am Anfang des Hebräerbriefes, einem frühen Zeugnis des Glaubens der Kirche, steht, dass Gott sich seinerzeit geoffenbart habe durch die Propheten; abschließend sei dies geschehen durch den Christus. Damit die an Gott glaubenden Menschen nun nicht wieder die gleichen Fehler machen, wie vor ihnen schon viele Generationen, wollen wir daran denken, dass das Heilshandeln Gottes in Jesus Christus zwar etwas Abschließendes, Endgültiges ist, dass Gott aber auch weiterhin als eine das Leben bestimmende und verändernde Kraft wirksam ist. Er will damit nicht nur als Gott verstanden und verkündigt werden, der an *eine* Religion gebunden ist, sondern als Gott der Geschichte, der in der Geschichte drin bleibt. Sein Handeln ist nicht abgeschlossen.

Und so möchte ich hier einen Satz postulieren, den man nicht aus seinem Zusammenhang reißen sollte, aber der im heutigen Kontext Geltung hat:

Vor Gott und mit Gott ist man sein ganzes Leben lang nie ganz sicher!

Wer über diesem Satz ins Nachdenken kommt, wird die Auseinandersetzung mit Gott wieder neu lernen, auch wenn der Tempel nicht mehr da sein sollte. Man wird einen anderen Gott kennen lernen als den, den man in den Tempel und ins Bekenntnis gesperrt hat.

Und zum Schluss: es gibt keinen Schluss!

Und nun noch etwas zum Schluss. Es könnte sein, dass wir den kleinen Satz am Ende des Predigttextes nicht wahrgenommen oder ihn bereits wieder vergessen haben. Vom gefällten Baum ist die Rede, vom Bekenntnis, das nicht schützen, von der Religion, welche den Schrecken nicht aufhalten wird. Plötzlich – oder peu à peu – ist alles zu Ende, liegt danieder, eben: wie ein gefällter Baum. Und an der zugesperrten Tür hängt ein Schild: *Wegen zu geschlossen!*

Das Letzte aber ist nicht der definitive Fall und der endgültige Zerfall. Das Letzte ist die schöpferische Kraft, die in allem schlummert, was nach Ende aussieht.

Das ganze Überraschungspotential Gottes steckt in diesem kleinen, durchaus überhörbaren letzten Satz unseres Predigttextes:

Heiliger Same ist sein Stumpf.

Zerstörte Tempel oder geschlossene Kirchentüren waren nie das Ende. Die Sache Gottes ging und geht weiter. Wem daran gelegen ist, wer sich dafür interessiert, wird allemal eine Stelle entdecken, wo dies geschieht.